Steffen Meltzer

MOBBING!

Ursachen, Schutz und Abhilfe

EHREN
VERLAG

Bibliografische Information der Deutschen Nationalbibliothek

Die Deutsche Nationalbibliothek verzeichnet diese Publikation in der Deutschen Nationalbibliografie; detaillierte bibliografische Daten sind im Internet über http://dnb.dnb.de abrufbar.

Bibliographic information published by the Deutsche Nationalbibliothek

The Deutsche Nationalbibliothek lists this publication in the Deutsche Nationalbibliografie; detailed bibliographic data are available on the Internet at http://dnb.dnb.de.

ISBN: 978-3-9819559-4-1
Ehrenverlag, Deutschland, 2020

Onlineshop
http://www.ehrenverlag.de/

Printed in Germany

»Selbst das wild'ste Tier kennt doch des Mitleids Regung.«

Anne Elizabeth Alice Louise, Princess Royal

»Ich kenne keins und bin deshalb kein Tier.«

Herzog von Gloster – William Shakespeare (»König Richard III.«, 1. Aufzug, 2. Szene)

Inhaltsverzeichnis

Autorenvorstellung 6

Vorwort 7

1. Einleitung: Mobbing im Kontext sehen 11

1.1 Der Zusammenhang von Mobbing und Gesellschaft 12

1.2 Mobbing: Bedeutung des Elternhauses und unmittelbaren sozialen Umfeldes 27

2. Phänomen Mobbing 35

2.1 Begriffserklärungen Mobbing 36

2.2 Ursachen, Motive, Opfer- und Tätermerkmale 39

2.3 Gruppendynamische Prozesse und Eskalationsstufen 44

2.4 Charakteristische Mobbinghandlungen 46

2.5 Kein Einzelfall bei Amoktaten: Motiv Mobbing 52

3. Straf- und zivilrechtliche Verantwortlichkeiten 55

3.1 Straftatbestände durch Mobbinghandlungen 56

3.2 Das große Erwachen: Schmerzensgeld und strafrechtliche Sanktionen 58

4. Mobbing – nicht nur Schüler gegen Schüler 65

4.1 Mobbende Lehrer 66

4.2 Mobbing durch Schüler gegen Lehrer 67

4.3 Der Staat im Staate: Systemmobbing 68

4.4 Das Spiel der Mitläufer 71

5. Rund um die Uhr: Cybermobbing 73

5.1 Mangelnde Kompatibilität: Digitalisierung und persönliche Entwicklung 74

5.2 Die bedrohlichen Aspekte von Cybermobbing 75
5.3 Hilfe für Eltern und Schüler 78
5.4 Hand aufs Herz: Das eigene Sicherheitsverhalten 79

6. Opferschutz – ein ungeliebtes Stiefkind in Deutschland 81

6.1 Lebensgefahr: Folgen und Auswirkungen 82
6.2 Die strategische und taktische Organisation der Gegenwehr 85
6.3 Das eigene Immunsystem gegen Mobbing: Verhaltenshinweise für Lehrer und andere Mitarbeiter im Öffentlichen Dienst 91
6.4 Beispiele erfolgreicher Klagen 98
6.5 Einschreiten von Lehrern bei Mobbing an Schülern 102
6.6 Konkrete Verhaltensweisen für Eltern 105
6.7 Verzeichnis weiterer Hilfen und Unterstützung 108

7. Methodische Hinweise zur Unterrichtsgestaltung, Projekte und Training 111

7.1 Vorbereitung 112
  7.1.1 Mobbing und Wahrnehmungsprozesse 112
  7.1.2 Der Einstieg 114
7.2 Aktion: Das Training 117
7.3 Nachbereitung: Die Zeit danach, Verhalten festigen 120

8. Theorie und Praxis: Aus dem realen Leben 121

8.1 Schulleiterin mobbt Lehrerin 122
8.2 Auswertung des vorliegenden Mobbingfalles 132
8.3 Happy Slapping und das falsche Opfer 139

Nachwort 142

Autorenvorstellung

Steffen Meltzer entstammt einer Polizistenfamilie in drei Generationen und verfügt über langjährige Erfahrungen als zertifizierter Einsatztrainer im verhaltensorientierten Bereich. Sein beruflicher Einsatz erfolgte u. a. in der Erwachsenenfortbildung ausgebildeter Polizisten und der behördlichen Kriminalprävention.

Auch in seiner Freizeit führte er viele Veranstaltungen für die Altersspanne von Kindern bis Senioren durch, die für große Beachtung sorgten. In der intensiven Zusammenarbeit mit dem Kinderschutzbund Uckermark, unter der Schirmherrschaft des Präsidenten der dortigen Unternehmervereinigung, Siegmund Bäsler, absolvierte er mit Kindern und Jugendlichen zahlreiche Trainingsprojekte.

Aktive Medienarbeit

u. a. in der »Welt« (Axel Springer SE), dem MDR, RBB und SWR 3.

Wikipedia

https://de.wikipedia.org/wiki/Steffen_Meltzer

Sachbuchautor

- »So schützen Sie Ihr Kind!
  Polizeitrainer vermittelt Verhaltensrichtlinien zur Gewaltabwehr«, (Print-ISBN: 978-3-9819559-2-7, Ebook-ISBN: 978-3-00-052676-3)
- »Ratgeber Gefahrenabwehr:
  So schützen Sie sich vor Kriminalität – Ein Polizeitrainer klärt auf« (ISBN: 978-3-9819559-1-0)
- »Schlussakkord Deutschland – Wie die Politik unsere Sicherheit gefährdet und die Polizei im Stich lässt.«
  (ISBN: 978-3-9819559-0-3)

Vorwort

Bei keinem Thema wird mehr gelogen, vertuscht, unter den Teppich gekehrt, abgestritten und gefälscht, als beim Thema Mobbing.[1] Völlig egal, ob die systematischen Angriffe an Schulen, Unternehmen oder Behörden stattfinden, die Unfähigkeit der Verantwortlichen, dieses erniedrigende Geschehen erfolgreich zu bekämpfen, feiert in Deutschland nach wie vor ungeahnte Triumphe. Dabei kann schnell der Eindruck entstehen, dass Verhaltenswidrigen (nicht nur an Schulen) mit einem höheren Aufkommen von Anti-Mobbingprojekten, Konferenzen und Hochglanzbroschüren zunehmen. Das muss Ursachen haben, die bei weitem nicht allein in der größeren öffentlichen Aufmerksamkeit zu suchen sind.

Mobbing kennt keine Grenzen. So erschien zum Beispiel in der »Augsburger Allgemeinen« eine Traueranzeige über den angeblichen Tod einer 13-jährigen Schülerin aus der dortigen Maria-Stern-Realschule. Diese war jedoch am Leben. Mutmaßlicher Täter soll ein 14-jähriger Mitschüler aus der gleichen Schule gewesen sein.[2]

Kinder, die bereits in der Schule gemobbt wurden, besitzen ein erhöhtes Risiko, ihr gesamtes Leben weniger erfolgreich und gesund als ihre gleichaltrige Generation zu sein. Sie haben ein geringeres Einkommen, werden eher arbeitslos oder früher verrentet, sind weniger selbstbewusst, dafür umso krankheitsanfälliger und suchtgefährdeter.

Als ich an eine Schule gerufen wurde, um mit der Klasse ein »brennendes Problem« zu bearbeiten, stellte sich heraus, dass man einen Schüler von der sechsten bis zur zehnten Klasse nach allen »Regeln der Kunst« gemobbt und damit fertig gemacht hatte. Erst als eine Schülerin davon ihrer Mutter berichtete und diese wiederum die Mutter des Opfers informierte, kam Bewegung in die pervertierte Eigendynamik. Denn nun

---

1 Ich verwende im Buch vorzugsweise die Bezeichnung »Mobbing«, währenddessen zum Beispiel in den USA vorwiegend die Bezeichnung Bullying (Bully – der Tyrann) Verwendung findet. Beide Begriffe werden jedoch zunehmend gleichgestellt. Einige Autoren setzen »Bullying« bevorzugt ein, wenn die Attacken eines deutlich Stärkeren gegen einen Schwächeren durch körperliche Gewalt primär geprägt sind.

2 BR24, Mobbing in Nördlingen: Verdächtiger nicht in der Schule vom 18.12.2019, https://www.br.de/nachrichten/bayern/mobbing-in-noerdlingen-verdaechtiger-hat-voruebergehend-schulfrei,RkzzL8C, eingesehen am 19.12.2019

wurde dem Rektor eine Strafanzeige wegen unterlassener Hilfeleistung angedroht, wenn nicht sofort dagegen etwas unternommen wird. Bedauerlicherweise war das kurz vor dem Ende der regulären Schulzeit. Auf einmal hieß es bei den Verantwortlichen an der Schule: Rette sich wer kann! Ein übliches Verhalten, wenn es darum geht, die eigene Unfähigkeit, ja selbst strafrelevantes Verhalten unbeschadet zu überstehen und blumige Ausreden für das oft anzutreffende Wegschauen zu erfinden.

Bevor ich mit der Veranstaltung begann, entschuldigte sich der kalt und anteilnahmslos wirkende Klassenleiter, er habe die Schulklasse erst seit einem Dreivierteljahr übernommen und sei deshalb aufgrund der verfestigten Strukturen nicht mehr eingeschritten. Sein Desinteresse an meiner Veranstaltung war derartig groß, dass ich mehrfach damit drohen musste, sofort alles abzubrechen. Der Lehrer hatte während der Trainings immer wieder Schüler zu sich geholt, um individuell sachfremde Themen zu besprechen und damit unsere gruppendynamischen Trainingsprozesse empfindlich gestört.

Diese Geisteshaltung aus Mangel an Kompetenz und gutem Willen findet man im Schulbetrieb gar nicht so selten, wie man vielleicht auf Anhieb meinen möchte.

In einem Gymnasium, sagte der anwesende Schulleiter inmitten meines diesbezüglichen Themenvortrages vor Lehrern und Eltern zu mir, dass er zur Bekämpfung von Mobbing keine Ausbildung habe. Ich musste diesen an seine Pflichten nach dem Schulgesetz erinnern, dass originär die Schule für die Obhut und Unverletzbarkeit ihrer Schüler rechtsverbindlich verantwortlich ist und diese Grundsatzaufgaben nicht an andere Institution abgeschoben werden können.

Besonders tragisch wird es, wenn sich Kinder und Jugendliche das Leben nehmen, weil sie den auf sich lastenden seelischen Druck und Leidensschmerz nicht mehr aushalten können. Dann geht die hektische Suche nach einem Mitarbeiter los, der sich nicht wehren kann. Dieser bekommt den schwarzen Peter übergestülpt und muss als alleinig Schuldiger herhalten. Problem »gelöst« – alle atmen auf, dass es sie nicht selbst getroffen hat. Wenn man dann genauer hinschaut, bemerkt man schnell die Unkultur des Mobbings an solchen Schulen, denn nichts kommt von nichts. Der

Einzelfall entpuppt sich dann als Alltag, der hier lediglich deshalb auffiel, weil sich ein junger Mensch suizidierte. Das geschah 2017 in Deutschland bei jungem Menschen bis zu einem Lebensalter von 20 Jahren 212 Mal.[3] Wie hoch dabei Mobbing das Motiv für die vollendete Selbsttötung war, verbleibt im Dunkeln und kann bestenfalls geschätzt werden. Die Anzahl der (erfolglosen) Suizidversuche dürfte darüber hinaus um ein Vielfaches höher sein. Ein Alarmzeichen zur Suizidhäufigkeit im Zusammenhang mit dem Schulbesuch finden wir in der Studie des Leibniz-Institutes für Wirtschaftsforschung aus Essen. Die Wissenschaftler konnten nachweisen, dass die Suizidrate bei Schülern während der Ferienzeiten sinkt, jedoch an den ersten beiden Schultagen um 30 Prozent ansteigt.[4]

Andererseits – und das möchte ich keinesfalls verschweigen, war ich an Schulen tätig, an denen die pädagogische Leitung von Anfang an höchsten Wert darauf gelegt hat, schon beim Ansatz eines derartigen Fehlverhaltens sofort und konsequent einzuschreiten. Das funktioniert nur, wenn für diese Prozesse eine Sensibilität im Erkennen und Bewerten entwickelt wurde und klare Richtlinien zum Umgang mit solchen Verhaltensabweichungen für die Lehr- und Erziehungskräfte verbindlich sind. Dazu gehört allerdings auch und das wird oft vernachlässigt, dass sich der Lehrkörper nicht untereinander mobbt! Deshalb wird meine Ausarbeitung auch immer wieder das Thema Erwachsenenmobbing beinhalten. Im Buch werde ich deshalb u. a. den diesbezüglichen Fall einer Lehrerin etwas ausführlicher vorstellen und analysieren. Darüber hinaus werde ich auch Beispiele aus anderen Bereichen des Öffentlichen Dienstes einfließen lassen.

Ich habe im Umgang mit diesem Thema ganz erhebliche Qualitätsunterschiede an den Bildungs- und Erziehungsstätten beobachten können. Es sollte besser nicht dem Zufall überlassen sein, in welcher Einrichtung ein Kind zur Schule geht und ob es deshalb vielleicht gemobbt wird oder nicht. Denn das Problem ist sehr ernst zu nehmen. Nach einer Pisastudie werden in Deutschlands 15,7 Prozent aller 15-jährigen Kinder gemobbt, andere

---

3 Statistisches Bundesamt, Todesursachen, Anzahl der Suizide nach Altersgruppen, https://www.destatis.de/DE/Themen/Gesellschaft-Umwelt/Gesundheit/Todesursachen/Tabellen/sterbefaelle-suizid-erwachsene-kinder.html, eingesehen am 18.11.2019

4 aerzteblatt.de, Suizide steigen bei Jugendlichen nach den Ferien an, vom 1.10.2019, https://www.aerzteblatt.de/nachrichten/106383/Suizide-steigen-bei-Jugendlichen-nach-den-Ferien-an, eingesehen am 18.11.2020

Studien berichten davon, dass im Laufe des Schullebens jedes zweite Kind davon betroffen ist. Eine genaue Zahl zu ermitteln ist naturgemäß deshalb schwer, da es durch eine Kultur des Schweigens nur wenige Fälle ans Tageslicht schaffen. Nehmen wir diese 15,7 Prozent zur Grundlage, kommen wir bei etwa den 8,35 Millionen Schülern im Schuljahr 2017/2018 in den allgemeinbildenden Schulen auf eine Opferzahl von rund 131.000 Kindern und Jugendlichen.

Die Dunkelziffer schätze ich als außerordentlich groß ein. Das liegt auch daran, dass im Gegensatz zur Frankreich, Finnland und Schweden in Deutschland Mobbing kein eigener Straftatbestand ist, aber viele einzelne Delikte enthält und diese dezidiert als solche polizeilich erfasst werden. Anzeigen unterbleiben auch oftmals, weil die Tatverdächtigen noch nicht strafmündig sind. Dabei wird unterschlagen, dass die zivilrechtliche Verantwortlichkeit in Deutschland bereits ab Vollendung des siebenten Lebensjahres beginnen kann. Über Abmahnungen, Gerichtsverfahren zu Unterlassungserklärungen, Vertragsstrafen, Anwaltskosten und Schmerzensgeldansprüche berichte ich u. a. ab den Seiten 58.

Mobbing verursacht Angst und Schrecken. Mobbing ist wie ein Krebsgeschwür, wenn es nicht konsequent bekämpft wird, breitet es sich immer mehr aus. Mobbing verursacht durch die entstandenen Schäden an Schulen, Behörden und Unternehmen immens hohe Kosten. Einen Großteil davon trägt der Steuerzahler. Mobbing verbreitet viel menschliches Leid und Elend. Mobbing kann töten, manchmal sofort, mitunter erst viele Jahre später.

Es würde mich glücklich machen, wenn ich mit diesem Buch geholfen habe, auch nur einen einzigen Mobbingfall zu verhindern. Es dürfen auch gern mehr davon sein.

Ihr Steffen Meltzer

1

Einleitung: Mobbing im Kontext sehen

1.1 Der Zusammenhang von Mobbing und Gesellschaft

»Der Staat, der Mobbing in seinen Dienststellen und in der Privatwirtschaft zulässt oder nicht ausreichend sanktioniert, kann sein humanitäres Wertesystem nicht glaubwürdig an seine Bürger vermitteln und gibt damit dieses Wertesystem langfristig dem Verfall preis.«[5]

In Frankreich mussten sich nach einer beispiellosen Suizidrate bei der France-Télécom deren ehemaliger Chef Didier Lombard sowie sechs weitere Manager vor Gericht verantworten. Das Unternehmen wurde privatisiert. Dabei wurde ein brutaler Druck durch ein organisiertes Mobbing[6] auf die Mitarbeiter ausgeübt, bei der sich schlussendlich 35 Angestellte das Leben nahmen.

Auch bei der Polizei des Landes Brandenburg suizidierten sich nach den Aussagen des Polizeipfarrers Sven Täuber 2011 im Jahr der »Polizeistrukturreform« (in Wirklichkeit ein Stellenabbauprogramm) ungewöhnlich viel Beamte,[7] darunter mehrere Leistungsträger. Zur Verantwortung wurde deshalb niemand gezogen. Abhelfen sollten damals sogenannte Mobbingbeauftragte, die mit Urkunden aus dem Drucker nach einem Kurzzeitseminar auf die Mitarbeiter losgelassen wurden. Laienspieler, die in eine starre Hierarchie eingebettet sind, sollen dann »professionell« Probleme bearbeiten. Ein erfahrener Rechtsanwalt berichtete mir über deren Wirken folgendes: Wichtig sei in Wirklichkeit die Mobbingtatbestände im Sinne des Arbeitgebers oder der Institution unter den Teppich zu kehren.

Zum Beispiel gab es in der Brandenburger Polizei eine »Mobbingbeauftragte« als Polizeiobermeisterin im mittleren Dienst, die in ihrer dienstlichen Stellung alles andere als unabhängig war. Die hierzu ausgedachte »Mobbingvereinbarung« war ein weiteres trauriges Heimspiel des Ar-

---

5 Peter Wickler (Ehemaliger Vizepräsident LAG Thüringen) am Landesarbeitsgericht Erfurt vom 15.02.2001, Aktenzeichen: 5 Sa 102/2000

6 Welt.de, Frühere französische Telekom-Manager nach 35 Suiziden vor Gericht, vom 06.05.2019, https://www.welt.de/newsticker/news1/article193024399/Arbeit-Fruehere-franzoesische-Telekom-Manager-nach-35-Suiziden-vor-Gericht.html?fbclid=IwAR3IKfvfq7AkqbbEaSKZ939aFN-bTkncvgBPApTr-j3YWae4EaOVAonlqV0, eingesehen am 10.05.2019

7 steffen-meltzer.de, BRANDENBURG, Polizeipfarrer: Das gute Gewissen geht, https://www.steffen-meltzer.de/brandenburg-polizeipfarrer-das-gute-gewissen-geht/ vom 16.11.2019

beitgebers, dass die Opfer ein weiteres Mal benachteiligt hatte. Der gesamte Inhalt war einseitig darauf ausgerichtet, dass sich der Dienstherr absichert. Als der Vorsitzende eines örtlichen Personalrates und ich dieses lächerliche Papier aufwendig überarbeitet hatten und an den Innenminister Holzschuher (SPD) schickten, bekamen wir als Antwort, dass es bereits eine »Mobbingvereinbarung« gäbe. Sie hatten sich nicht einmal die Mühe gemacht, unser Schreiben zu lesen. Dabei hatte der Minister bei jeder Gelegenheit betont, dass sich jeder persönlich an ihn wenden könne. Ähnliches passierte in Berlin:

In der Hauptstadt nahm sich ein 61-Jähriger kurz vor der Pensionierung stehender Erster Polizeihauptkommissar (EPHK) auf grausame Art und Weise sein Leben. Polizeibeamte, die ihn kannten, waren sich sicher, er wollte ein Signal setzen! Er hatte über einen längeren Zeitraum mit seinem neuen Chef, einem karrierebewussten jungen Mann aus dem höheren Dienst, erhebliche Auseinandersetzungen und fühlte sich gemobbt. Gegenüber der Presse bestätigten viele Mitarbeiter die Vorkommnisse, jedoch wollten aus Angst vor dienstlichen Konsequenzen niemand seinen Namen zur Verfügung stellen. Der erfahrene Polizeibeamte beklagte zu Lebzeiten: «Das Menschliche fehlte völlig«. Er wurde mit Zahlen und Tabellen überhäuft, damit die »Abteilung gut dastehe«. Ein Kollege berichtete, der »altgediente« und »exzellente« Polizist habe weinend bei ihm auf dem Sofa gesessen. Er war am Ende, er wollte lieber dem Bürger dienen, anstatt »Zahlen und Statistiken schön zu schreiben«.[8] Nach seiner Kritik wurde der erfahrene Beamte auf eine andere Dienststelle versetzt und zurückgestuft. Dass die Selbsttötung durch private Probleme verursacht wurde, schließen die Kollegen aus. Der bürgernahe Polizist überschüttete sich auf dem Lankwitzer Friedhof mit Benzin und zündete sich an. Die damals amtierende Polizeipräsidentin Margarete Koppers äußerte, es handele sich um einen tragischen Suizid, »der nach bisherigen Erkenntnissen ausschließlich persönliche Gründe hat ohne dienstliche Zusammenhänge.«[9] Koppers hat inzwischen erfolgreich Karriere zur Generalstaatsanwältin von Berlin gemacht. In ihrer Zeit als stellv. Poli-

8 Der Tagesspiegel, Polizist nahm sich das Leben – Kollegen sprechen von Mobbing, vom 12.09.2011, https://www.tagesspiegel.de/berlin/polizei-justiz/suizid-polizist-nahm-sich-das-leben-kollegen-sprechen-von-mobbing/4602028.html, eingesehen am 12.02.2015

9 ebd.

zeipräsidentin berichteten die Medien immer wieder über zahlreiche Führungsprobleme in der Berliner Polizei.

Wirkliche Hilfen für Betroffene und Hinterbliebene wurden nicht gegeben. Ich war von dieser Erklärung alles andere als überrascht. Die Behörden bügeln, bis auf ganz wenige Ausnahmen, in der Regel den Freitod einer ihrer Mitarbeiter oder Mitarbeiterinnen damit ab, dass Betroffene persönliche Probleme im privaten Umfeld gehabt hätten. Abgehakt, abgelocht, weggelegt. Aus den Augen – aus dem Sinn.

Mobbing finden wir überall in der Gesellschaft. Es ist ein Parallelsystem, das neben dem Rechtsstaat existiert. Zum Beispiel werden Mitarbeiter, denen man nicht kündigen kann, solange schikaniert, bis sie schließlich entnervt aufgeben. Prof. Dieter Zapf[10] prägte hierfür den Begriff »System-Mobbing«. Nicht der Staat ist gemeint, sondern eine Organisation, die sich jenseits von Recht und Gesetz verselbstständigt hat und ihre eigenen Regeln ungestört entwickeln konnte. Dabei ziehen Täter, Mitläufer, Chefs und Vorgesetzte und die Verwaltung an einem Strang, denn jeder hat etwas zu vertuschen und keiner will der Nächste sein.[11] Nähere Ausführungen finden Sie dazu ab Seite 68.

Krankenkassen taxieren den wirtschaftlichen Schaden, der durch Mobbing entsteht, auf jährlich zwischen 10 bis 25 Milliarden Euro. Der Mobbing-Report der Bundesregierung bezifferte 2002 die Anzahl der betroffenen Arbeitnehmer auf 800.000. Im Jahr 2016 war schon von 1,5 Millionen Arbeitnehmern die Rede, die in ihrer Behörde oder Unternehmen regelmäßig und über einen längeren Zeitraum schikaniert werden. Ein Indiz dafür ist die Gesamtzahl der Krankentage einer Organisation. Antiquierte Alibi-Mobbingbeauftragte ändern an diesen untragbaren Zuständen nichts. Das Gegenteil ist der Fall, wenn sie dem vorgesetzten Direktor am Frühstückstisch die Neuigkeiten über die »Querulanten« berichten, um ihre eigene Karriere voranzutreiben und Betroffene ein weiteres Mal zu schädigen. Finger weg von solchen Beauftragten! Wenn überhaupt, können das bestenfalls externe Experten, die tatsächlich

---

10 Dieter Zapf, Goethe Universität, Frankfurt am Main, Lehrstuhl Arbeits- und Organisationspsychologie

11 Steffen Meltzer: Was ist ein Systemmobbing? vom 01.10.2017, https://www.steffen-meltzer.de/was-ist-ein-systemmobbing/, eingesehen am 12.12.201901.10.2017

autark in einer Organisation arbeiten, in der diese Untersuchungen durchgeführt werden muss. Doch solche unabhängigen Personen such(t)en schon viele von Mobbing Betroffene erfolglos. Auch externe Berater müssen ihr Leben finanzieren und benötigen dazu weitere Aufträge. Wirklich unabhängig arbeitende Kräfte sind deshalb nur schwierig zu finden. Im Kapitel 6.7 ab Seite 108 finden Sie eine Liste mit potentiellen Helfern.

Viele Mitmenschen beklagen sich über Tendenzen zunehmender Rücksichtlosigkeiten in unserer Gesellschaft, die keineswegs nur subjektiv empfunden werden. Besonders pikant wird es, wenn Politiker, die sich gern über den Verfall der guten Sitten beklagen, davon sprechen, dass andere Personen »Pack«, »Mischpoke«, »Rattenfänger«, oder »kleine Halbneger« wären. Auch untereinander beleidigen sich Politiker im Bundestag besonders gern. Die Liste ist lang, mit einer gewissen Vorliebe sind folgende Bezeichnungen zu vernehmen: »Idiot« (114 x), »Dummkopf« (64 x), weiterhin mehrfach »Bastard«, »Arsch«, »Arschlöcher« bzw. »Arschloch« und »Drecksau«.[12]

Die Empörung ist dann besonders groß, wenn dieselben Politiker aus dem Volk mit einem ähnlichen Vokabular bedacht werden. Dann kann die Empfindlichkeit nicht groß genug sein.

Kinder sind ein Abbild der Erwachsenenwelt. Dort, wo Stärke zum Machtmissbrauch eingesetzt wird, um Schwächere zu demütigen und aus der Gemeinschaft auszugrenzen, werden Kinder schnell lernen, dass es lohnt, andere Menschen mit einem gewissen Spaßfaktor am Quälen zu zerstören. Mobbing hat es schon immer gegeben, das wird sich auch in der Zukunft nicht vollständig vermeiden lassen. Kein Kind wird jedoch als Mobber oder Tyrann geboren.

---

12 Voice-com: Von »Arschloch« bis »Hurensohn«: Die häufigsten Beleidigungen im Bundestag, vom 12.09.2019, https://www.vice.com/de/article/59n9n8/von-arschloch-bis-hurensohn-die-haufigsten-beleidigungen-im-bundestag, eingesehen am 27.01.2020

Der alte Streit rührt daher, ob die Tendenzen steigend sind oder das bestehende Dunkelfeld nur effizienter aufgehellt wird. Wir haben es, trotz glänzend schöner Kriminalstatistiken, mit einer zunehmenden Verrohung der Gesellschaft zu tun. Die Verkäuferin an der Kasse bemerkt das ebenso wie der Rettungssanitäter, die Lehrerin, der Busfahrer oder Polizeibeamte. Selbst in Kliniken und Krankenhäusern wird aus der Not heraus zunehmend privates Sicherheitspersonal eingestellt, um der ansteigenden Aggressivität noch einigermaßen Herr zu werden. Die Spaltungstendenzen in der Gesellschaft nehmen ebenso zu. Diese werden durch die Politik sogar noch angeheizt, indem Menschen unwürdig miteinander verglichen und ausgespielt werden: Junge gegen Alte, Beamte gegen Arbeiter und Angestellte, Arbeitslose gegen Arbeitnehmer, Ost gegen West, Besitzende gegen Besitzlose. Schein und Sein klaffen immer mehr auseinander. 2018 lebten im reichen Deutschland 1,95 Millionen Kinder in Harz IV – Bedarfsgemeinschaften.

Globalisierungsprozesse bringen nicht nur Vorteile mit sich. Der verschärfte weltweite Konkurrenzkampf, ein weiterer Stressfaktor für viele Menschen, übt einen ungeheuren Druck auf die verbliebenen Arbeitnehmer aus, der nicht selten zu Hause kompensiert wird. Mobbing durch häusliche Gewalt geht bis hinein in die Familien. Bedauerlich ist vor allem, wenn Kinder im Elternhaus nicht mehr erlernen können, dass man Konflikte gewaltfrei löst. Besteht die einzige feste Bindung nur noch zum Handy oder dem PC, steigt die Wahrscheinlichkeit, dass diese betroffenen Kinder in einen lebenslangen Opfermodus schalten oder sich selbst zu Tyrannen entwickeln. Über die Lernformen an den Schulen, die Bedeutung der sozialen Netzwerke und die Bindung zu den eigenen Eltern werde ich im weiteren Verlauf des Buches umfangreich eingehen.

Über die Selbsttötung eines Polizeibeamten hatte ich schon berichtet. Erfährt die Öffentlichkeit davon, ist die mediale Aufmerksamkeit sicher. Erst recht, wenn ein Kind seinem Leben ein Ende setzt, dann schlagen die Wellen besonders hoch.

In Berlin hatte sich ein 11-jähriges Mädchen das Leben genommen, weil es ihr an einer Grundschule unerträglich geworden war, das täglich erlebte Mobbing zu ertragen. Gegenüber dem Tagesspiegel äußerte sich ein Vater: »Seit mehr als einem Jahr gibt es massive Mobbingfälle an der

Schule«. »Es wurde immer wieder den Lehrern und der Schulleitung gegenüber angesprochen, vom Elternbeirat, aber auch von Müttern und Vätern, deren Kinder betroffen waren. Doch man hat alle Fälle einfach abgetan.«[13]

Dabei sind die Zustände an Berlins Schulen seit langem bekannt. Jeder dritte Berliner Schulleiter kann den Beruf nicht mehr empfehlen. So bestimmen Brandbriefe und Kündigungen den Alltag, sind »Schrottschulen« und Maulkorberlass für Schulleiter an der Tagesordnung,[14] gibt es Drohungen der Bildungssenatorin,[15] falls die Missstände öffentlich gemacht werden. Die Ergebnisse einer verfehlten Personalpolitik in der Lehrerausbildung machen nicht nur an Berlins Schulen große Probleme. Quer- und Seiteneinsteiger haben bereits mit den Lautstärken in den Klassen genug zu tun. Sind diese nicht begnadete Naturtalente, besitzen sie kein Handwerkszeug, um adäquat zu reagieren, geschweige denn Inhalte zu transportieren. Lässt man sie beim Einstieg auch noch allein, kann das pädagogische Unglück seinen Lauf nehmen. Wer von ihnen soll dann noch Mobbing erkennen?

Eine Berliner Rektorin wird konkret: An ihrer Schule herrschen Gewalt, Armut, Drogen, auch Prostitution. Doris Unzeitig[16] berichtet von Drohungen, gewalttätigen Schülern, aggressiven und ignoranten Eltern. »Viele Kinder stammen aus dem bildungsfernen Milieu, sprechen zuhause öfter Arabisch oder Türkisch als Deutsch und erfahren durch das Elternhaus kaum bis keine Unterstützung in Sachen Schule. Sie zu fördern und zum Lernen zu motivieren, ist eine Mammutaufgabe für Lehrer.«

Die horrende Anzahl von Straftaten an Berliner Schulen bearbeitet man auf eine ganz eigene Weise. Innensenator Geisel (SPD) hat das Problem

---

13 Der Tagesspiegel: Tödliches Mobbing an Berliner Grundschule, vom 02.02.2019, https://www.tagesspiegel.de/berlin/tragischer-vorfall-toedliches-mobbing-an-berliner-grundschule/23940174.html, eingesehen am 02.02.2019

14 Focus-online: Unverschämtheit: Lehrerverband wütet nach Maulkorb für Rektoren an Schrottschulen, vom 07.11.2017, https://www.focus.de/politik/deutschland/duerfen-nicht-ueber-marode-schulen-sprechen-maulkorberlass-fuer-schulleiter-ich-finde-das-von-der-senatorin-eine-unverschaemtheit_id_7815861.html, eingesehen am 31.08.2018

15 Focus-online, Gewalt, Drogen, fehlende Unterstützung – Nach Kapitulation von Berliner Rektorin – jeder dritte Schulleiter empfiehlt Beruf nicht weiter, vom 31.08.2018, https://www.focus.de/familie/schule/berliner-rektorin-gibt-auf-jeder-3-schulleiter-empfiehlt-beruf-nicht-weiter_id_9462543.html, eingesehen am 31.08.2018

16 Focus-online, Ex-Direktorin von Brennpunktschule: Wir fahren eine ganze Generation an die Wand, vom 29.12.2019, https://www.focus.de/familie/eltern/familie-heute/ex-direktorin-von-brennpunktschule-wir-fahren-eine-ganze-generation-an-die-wand_id_11234847.html, eingesehen am 29.12.2019

zur »Vertraulichen Verschlusssache« erklärt. Auskünfte gibt es darüber nicht, auch nicht an den FDP-Abgeordneten Marcel Luthe, der nunmehr den Klageweg vor dem Verfassungsgericht beschreiten muss: »Angesichts der erschütternden Berichte dutzender Eltern allein mir gegenüber aus zahlreichen Schulen muss die Politik des feigen Wegduckens ein Ende haben und Transparenz an den Schulen einziehen. Nur dann können wir den Kindern helfen und gegen diejenigen vorgehen, die Gewalt und Mobbing durch Unfähigkeit oder Arglosigkeit begünstigen.«[17]

Doris Unzeitig beschreibt folgende konkrete Verhaltensweisen von: »Kindern im Grundschulalter, die ihren Klassenkameraden Löcher in die Klamotten schneiden, Haare ausreißen, mit Fäusten und Stöcken aufeinander einprügeln, die sich bedrohen und auf das Übelste beschimpfen mit Ausdrücken, die so ordinär sind, dass sie nirgendwo hingehören, auf keinen Fall jedoch auf den Schulhof. Das ist aber noch nicht alles: »Ich töte ihn. Ich schneide ihn auseinander« bedrohte ein Elfjähriger über die sozialen Netzwerke einen Mitschüler.« Ein Schüler brüllt eine Erzieherin an: »Ich ficke diese Frau, ich ficke ihre Mutter, ich ficke ihren Vater. Diese Hure!« Eine schwangere Lehrerin bekommt einen Schlag in den Bauch. Eine Mutter sagt zu einer Lehrerin: »Sie sind doch krank im Kopf« – und dann: »Ich schlag dich jetzt, du.«[18]

Vätern fiel es schwer, die blonde Pädagogin im Rock als Autoritätsperson zu akzeptieren. Auch sie wurde als »Nutte« beschimpft. Da es ihr unmöglich war, gemeinsam mit den vorgesetzten Behörden die Zustände zu ändern, die ihre Bemühungen regelmäßig konterkarierten, organsierte sie auf eigene Faust einen Wachschutz, weil es anders nicht mehr möglich war, die Sicherheit aufrecht zu erhalten. Der zuständige Stadtbezirk weigerte sich die Kosten für den dreimonatigen Versuch zu übernehmen.

Der Straftatenquote ist an Schulen exorbitant hoch, die Polizei erfährt nur selten etwas davon. Es muss Gründe geben, warum Lehrer und Leh-

17 Berliner Zeitung, Wegen Straftaten an Schulen FDP-Abgeordneter verklagt Innensenator Andreas Geisel, vom 01.11.2019, https://amp.berliner-zeitung.de/berlin/polizei/wegen-straftaten-an-schulen--fdp-abgeordneter-verklagt-innensenator-andreas-geisel--33400776, eingesehen am 10.11.2019

18 Frankfurter Allgemeine, Woran es der Berliner Bildungspolitik fehlt, vom 18.11.2019, https://www.faz.net/aktuell/feuilleton/buecher/rezensionen/sachbuch/doris-unzeitigs-buch-woran-es-der-berliner-bildungspolitik-fehlt-16487486.html, eingesehen am 03.01.2020

rerinnen die Sachverhalte nur selten zur Anzeige bringen. Selbst bei eindeutigen Beweisen werden in Berlin viele Vorgänge durch die Justiz eingestellt.[19] Beim zweiten Mal spart man sich den brotlosen Zeitaufwand. Es sind archaische barbarische Zustände, die mit einer aufgeklärten modernen Gesellschaft nichts gemein haben. Dabei finden wir im »Schulgesetz für das Land Berlin« im § 2 unter »Recht auf Bildung und Erziehung«[20] folgende Vorschriften:

(1) ***Jeder junge Mensch hat ein Recht auf zukunftsfähige, diskriminierungsfreie schulische Bildung und Erziehung ungeachtet insbesondere einer möglichen Behinderung, der ethnischen Herkunft, einer rassistischen Zuschreibung, des Geschlechts, der Geschlechtsidentität, der sexuellen Orientierung, des Glauben, der religiösen oder politischen Anschauungen, der Sprache, der Nationalität, der sozialen und familiären Herkunft seiner selbst und seiner Erziehungsberechtigten oder aus vergleichbaren Gründen.***

(3) ***Die Schülerinnen und Schüler sollen insbesondere lernen (...):***

4. ***die Beziehungen zu anderen Menschen in Respekt, Gleichberechtigung und gewaltfreier Verständigung zu gestalten sowie allen Menschen Gerechtigkeit widerfahren zu lassen.***

Ähnliche oder gleichlautende Vorschriften finden wir auch in den Schulgesetzen der anderen Bundesländer. Es handelt sich also keinesfalls um einen Ermessensspielraum der Schulen, wenn es darum geht, die körperliche und seelische Unversehrtheit seiner ihm anvertrauten Schüler sicherzustellen. Das nennt sich **Obhutspflicht**, auf die sich betroffene Kinder und Eltern immer berufen können!

Das sicherlich in dieser Beziehung fortschrittlichste Schulgesetz wurde im November 2019 in Mecklenburg-Vorpommern beschlossen. Es enthält konkrete Vorschriften zum gesetzlichen Schutz vor sexualisierter Gewalt und **Mobbing**.

---

19 Tagesspiegel.de, Wer in Berlin Straftaten begeht, hat nicht viel zu befürchten, vom 05.07.2019, https://www.tagesspiegel.de/politik/justiz-vor-dem-kollaps-wer-in-berlin-straftaten-begeht-hat-nicht-viel-zu-befuerchten/24530786.html, eingesehen am 01.08.2019

20 Berlin.de (Berliner Vorschrifteninformationssystem), Schulgesetz für das Land Berlin (Schulgesetz – SchulG) vom 26.01.2004, http://gesetze.berlin.de/jportal/?quelle=jlink&query=SchulG+BE&psml=bsbeprod.psml&max=true&aiz=true#jlr-SchulGBE-V35P2, eingesehen am 01.12.2019

Die hier angeführten Verwerfungen finden wir nicht nur in Großstädten. In Süsel (5000 Einwohner, Kreis Ostholstein, Schleswig-Holstein) zogen im Herbst 2019 die Eltern ihre Kinder von der Schule ab und begannen diese allein zu unterrichten. Sogar der Bürgermeister hatte dafür Räume im Rathaus zur Verfügung gestellt. Was war geschehen? In der dortigen Grundschule war es immer wieder zu Gewaltausbrüchen von Schülern gegenüber Mitschülern und Lehrern gekommen. Die Lage eskalierte über anderthalb Jahre derartig, dass sich die Eltern zu dieser ungewöhnlichen Maßnahme gezwungen sahen. Erst nach diesem langen Zeitraum erhielt das Ministerium über die unhaltbaren Zustände eine Information. Schlussendlich meldeten sich die Schulleiterin und vier Lehrkräfte krank. Eine ganze Woche durften die Kinder zu Hause bleiben, da letztlich sechs Lehrkräfte erkrankt waren. Sofort gab es Kritik. Ausgerechnet der Schulrat will das Vorgehen des Bürgermeisters rechtlich prüfen lassen und auch die Staatssekretärin äußerte ihr »Missfallen«.[21] Es ist immer wieder bemerkenswert, wie es Verantwortliche verstehen, ihr eigenes Versagen auf andere abzuwälzen. Das sollte uns sehr missfallen. Hier sind wir erneut mit einer sehr weit verbreiteten Strategie konfrontiert: mit der »Kultur« des Wegschauens. Was lernen die in dieser Sache von Gewalt bedrohten und tyrannisierten Schüler in Bezug auf den Schulrat? Sei ein Duckmäuser, kämpfe nicht um dein Recht, Hierarchien decken sich untereinander, du hast keine Chance. Zum Glück gab es zupackende Eltern und einen empathischen Orts-Bürgermeister. Aber auch die Bullys haben gelernt. Diese konnten sich über einen längeren Zeitraum darin festigen, andere Menschen zu gefährden und zu unterdrücken. Konsequenzen gab es vorerst keine. Das wird sie in ihrem antisozialen Verhalten stärken. Weitere Probleme sind vorprogrammiert. Hier zeigen sich Inkompetenzen in der übergeordneten Führung. Anstatt bisher zugelassene Defizite offensiv zu beseitigen, wird wie üblich ein schwarzes Schaf gesucht und der Bürgermeister amtlich zum Problemfall erklärt. Eine kritische Selbstreflexion für Führungskräfte wäre angebrachter. Die Schulleiterin muss sich Gedanken darüber machen, wie sie zukünftig ähnlich gelagerte Komplikationen des Schulalltages bewältigen will. Oder einsehen, dass sie die Situation überfordert.

---

21 Lübecker Nachrichten – online: Nach Gewalteskalation an Grundschule: Bürgermeister kritisiert Schulleitung, vom 27.11.2019, https://www.ln-online.de/Lokales/Ostholstein/Nach-Gewalteskalation-an-Grundschule-Suesels-Buergermeister-kritisiert-Schulleitung, eingesehen am 01.12.2019

Auch die Präsidentin des Bayerischen Lehrer- und Lehrerinnenverbandes (BLLV), Simone Fleischmann, beklagt anlässlich des Welttages der Seelischen Gesundheit, dass der Anteil von psychischen Auffälligkeiten im Kindes- und Jugendalter bei über 20 Prozent[22] liegen würde. Eine ähnliche Zahl (jedes vierte Schulkind) bestätigt auch eine Studie der Ersatzkrankenkasse DAK.[23] Die angesprochene Untersuchung brachte 2019 ans Tageslicht, dass der Anteil von Kindern mit Depressionen und Angsterkrankungen gestiegen ist. Allein 169.150 Schulkindern[24] mit ärztlich behandelten Angststörungen, im Schulalter von 7 bis 19 Jahren, wurden hochgerechnet. Nach Meinung des Berufsverbandes der Kinder- und Jugendärzte zeigt der Krankenkassenreport nur die Spitze des Eisberges. Präsident Dr. Thomas Fischbach[25] geht von einer hohen Dunkelziffer aus. Viele Kinder leiden, vor allem Jungs versuchen aufgrund der geschlechtsspezifischen Erziehung ihre Erkrankung ohne Behandlung »wegzustecken«. Ab dem 14. Lebensjahr geht die Schere jedoch auseinander, dann sind Mädchen und junge Frauen tatsächlich eher betroffen. Kinder und Jugendliche, die unter Depressionen leiden, sind deutlich weniger wehrhaft als Gleichaltrige und laufen somit erheblich Gefahr, das Opfer von Mobbinghandlungen zu werden. Das trifft vor allem zu, wenn nach einem damit verbundenen Klinikaufenthalt eine zusätzliche Stigmatisierung verbunden ist. Depressionen treten leider schon bei Kindern im Vorschulalter auf.

Selbst in Kindertagesstätten kann viel an Brutalität im Verborgenen gedeihen. Wie sollen sich die Jüngsten zu einem psychisch und physisch gesunden und belastbaren Zeitgenossen entwickeln, wenn sie in solchen Einrichtungen misshandelt werden? Im Land Brandenburg durfte eine vorbestrafte Leiterin der Kita ihr Werk der Zerstörung weiter betreiben, obwohl sie vor 15 Monaten durch ein Gericht rechtskräftig wegen Körperverletzung und Nötigung zu 5400 Euro Geldstrafe verurteilt wurde. Es soll Schläge ins Gesicht, Zwangsernährung und stundenlange Strafen

---

22 IOWA-online, Psychische Erkrankungen bei Schülern und Lehrern nehmen zu, vom 09.10.2019, https://www.idowa.de/inhalt.bayern-psychische-erkrankungen-bei-schuelern-und-lehrern-nehmen-zu.4669da52-d86b-4e0e-890a-264669b0e2ad.html«, eingesehen am 02.12.2019

23 DAK-online, Depressiven Kindern droht Versorgungslücke nach Klinik, vom 21.11.2019, https://www.dak.de/dak/bundesthemen/kinder--und-jugendreport-2169366.html, eingesehen am 29.12.2019

24 Wolfgang Greiner et al., Kinder- und Jugendreport 2019 Gesundheitsversorgung von Kindern und Jugendlichen in Deutschland Schwerpunkt: Ängste und Depressionen bei Schulkindern, vom November 2019, S. 131, https://www.dak.de/dak/download/dak-kinder--und-jugendreport-2019-2168336.pdf, eingesehen am 29.12.2019

25 DAK-online, Depressiven Kindern droht Versorgungslücke nach Klinik, vom 21.11.2019, ebd.

im Schrank oder in der prallen Sonne gegeben haben.[26] Vom Urteil erfuhren die Eltern erst nach mehrfachen Nachfragen bei den Ämtern. Dies ist ein Skandal in mehrfacher Hinsicht. Einem an einem Down-Syndrom leidenden Jungen wurden keine Windeln gewechselt, stattdessen kam das Kind mit einer geschwollenen Wange nach Hause. Als die Kita-Leiterin, eine umgeschulte Anlagentechnikerin, daraufhin angesprochen wurde, sei sie ausfällig geworden. Ein Kind wollte nach den Aussagen einer Mutter nicht essen, sodass die Leiterin diesem ein belegtes Brot in den Mund gedrückt habe. Immer wieder häuften sich Beschwerden der Eltern bei den Behörden, bevor die Kita geschlossen und dem Trägerverein die Betriebserlaubnis entzogen wurde. Wieviel Leid wäre Kindern erspart geblieben, wenn die Verantwortlichen zeitnah und konsequent gehandelt sowie kontrolliert hätten? Wenn danach im zuständigen Barnimer Landratsamt die Mitarbeiterinnen der Dezernentin für Jugend, Gesundheit und Soziales zu Hochform auflaufen, dürfte das vor allem mit ihrem Selbstschutz zu tun haben. Die zweite Panne erfolgte sogleich, als im Barnimer Zentrum, Eberswalde, ein fünfjähriges unterernährtes Mädchen befreit wurde, das die Familie zwei Jahre lang gefangen gehalten hatte. Bis dahin war es den Eltern immer wieder gelungen, das Landratsamt abzuwimmeln.[27] Der Vorfall war den Behörden somit seit 2017 bekannt. Die Mitarbeiter hatten in unverantwortlicher Art und Weise darauf verzichtet, die Polizei und Staatsanwaltschaft zu informieren. Für das Mädchen wurde damit das Überleben zum Zufall. Die Polizei will jetzt prüfen, ob eine Verletzung der Fürsorge- und Erziehungspflicht oder eine Misshandlung Schutzbefohlener vorliegt. Zu einem möglichen Tatvorwurf gegen das zuständige Jugendamt äußert man sich hingegen nicht. Warum ich diesen Fall erwähne? Es kann kein Zufall sein, dass immer wieder dieselben Behörden mit denselben Verantwortlichen auffallen, wie hier bei den zwei vorangegangenen Beispielen. Untätigkeit bedeutet für Kinder Lebensgefahr.

Ähnliches passierte in Stuttgart: Dort mussten Kinder zur Strafe den Toilettenboden ablecken! Wurde nicht aufgegessen, gab es einen Schlag mit

---

26 Nordkurier-online, SCHLÄGE, FOLTER, STRAFEN – Erzieherin soll Kinder in Brandenburger Kita gequält haben, vom 08.11.2019, https://www.nordkurier.de/brandenburg/erzieherin-soll-kinder-in-brandenbuger-kita-gequaelt-haben-0837356211.html, eingesehen am 08.11.2019

27 RBB24, Verwahrlostes Mädchen in Eberswalde war unterernährt, vom 13.01.2020, https://www.rbb24.de/studiofrankfurt/panorama/2020/01/barnim-staatsanwaltschaft-frankfurt-maedchen-vernachlaessigt.html, eingesehen am 15.01.2020

dem Kissen ins Gesicht. Außerdem wurden die Kinder durch die Leiterin und einem Azubi aufgefordert sich gegenseitig Zungenküsse zu verabreichen.[28] Als sich die Misshandlungsvorwürfe erhärteten, leitete das zuständige Rathaus sofort ein Entlassungsverfahren aus dem Dienst ein und zeigte die Erkenntnisse bei der Staatsanwaltschaft an.

Elisabeth Ballmann, 50-jährige Pädagogin, leitet ein privates Fortbildungsinstitut in München und war deshalb in mehr als 500 Kitas. Sie berichtet, dass psychische Gewalt »in fast jeder Kita, fast jeden Tag«[29] vorkommt. Seelische Misshandlungen zum Beispiel durch Demütigen, Anschreien oder Isolieren, sind alles andere als selten. Leitsätze wie »Wie kann man nur so dumm sein?«, »Mach nicht immer so ein Theater!« oder: »Bist du so dumm oder tust du nur so?« sorgen für eine negative Konditionierung. Das Ergebnis können lebenslange Selbstzweifel, gestörte Selbstwertgefühle und Minderwertigkeitskomplexe sein. Andere typische Verhaltensauffälligkeiten sind ein versteinerter Gesichtsausdruck und die Unfähigkeit sich zu freuen, starke Zurückgezogenheit, Schlafstörungen, wenig Lust auf körperliche Bewegung, Unruhe, aufbrausendes Verhalten bis hin zu dünnhäutigen Aggressionen und Essensverweigerung. Kinder, die in der Kita Opfer sind, laufen erhöhte Gefahr, diese Rolle ein Leben lang einzunehmen. Achten Sie darauf, wenn Ihr Kind nicht gern in seine Einrichtung geht. **Ein** Grund dafür könnten Misshandlungen durch die Erzieher sein. Das ändert nichts an der Tätigkeit vieler aufopferungsvoller Mitarbeiter, die in den überfüllten Gruppen eine hervorragende pädagogische Arbeit leisten.

Wie sieht die weitere gesellschaftliche Realität aus?

Von Mobbing Betroffene (»Opfer« ist suboptimale Bezeichnung, denn es suggeriert die eigene Machtlosigkeit, ich verwende diese Bezeichnung trotzdem ab und an zur besseren Wahrnehmbarkeit), haben keine Lobby. Nur ganz wenige nehmen sich des Themas in der Politik, den Behörden und Schulen oder der Unternehmen ausreichend und öffentlichkeits-

---

28 Heidelberg24-online, Kita-Skandal: Gewalt und widerliche Strafen – Erzieher sollen Kinder gequält haben, vom 20.11.2019, https://www.heidelberg24.de/welt/stuttgart-skandal-kita-mitarbeiter-sollen-kinder-gequaelt-haben-zr-13228888.html, eingesehen am 29.11.2019

29 Welt-online, Demütigen, anschreien, isolieren, quälen, vom 06.11.2019, https://www.welt.de/vermischtes/plus202776134/Paedagogin-ueber-deutsche-Kitas-Demuetigen-anschreien-isolieren-quaelen.html, eingesehen am 06.11.2019

wirksam an. Mit dem Einsatz für vermeintliche Verlierer und Tabuthemen gewinnt niemand Wahlen bzw. macht Karriere. Neben einigen positiven Beispielen sich engagierender Schulleiter und Lehrer herrscht an nicht wenigen Schulen immer noch folgende Mentalität: Probleme? Gibt es bei uns keine! Es existiert traditionell eine tiefgreifende Unkultur des Wegschauens. Gleiches Verhalten konnte ich in den neunziger Jahren an den Bildungseinrichtungen bei der Drogenproblematik beobachten, bevor der Ernst der Lage begriffen wurde, um endlich Aktivitäten einzuleiten.

Aber selbst Lehrer können von Gewalt betroffen sein, sodass es unter Pädagogen zu erheblichen Schikanen kommen kann. Der Besucher der Schule merkt es mitunter an der latent aggressiven Tonlage untereinander, mit der kommuniziert wird. So war ich an einer Schule zugegen, in der der Hausmeister der einzige Mann war. Bei einer Lehrerinnenzusammenkunft beobachtete ich eine direktive und ohrenbetäubende schneidige Stimmmodulation untereinander, auch bei den Schüler und Schülerinnen war dieser empathielose Grundton feststellbar. Während einer meiner Veranstaltungen attackierte die anwesende Lehrerin ständig einen »zappeligen« Jungen, obwohl ich sah, dass dieser lediglich einen etwas größeren Bewegungsdrang hatte. Ich bat schließlich die Pädagogin darum, sich zurückzunehmen. Innerhalb gewisser Grenzen dürfen bei mir Kinder zappeln, solange sie damit nicht andere Kinder beeinträchtigen. Ich kann mir jedoch gut vorstellen, dass allein ein gemischtes Kollegium aus männlichen und weiblichen Lehrern zu Verbesserungen des Umgangs an dieser Schule insgesamt führt. Das bleibt bei dem bestehenden Lehrermangel ein Wunschtraum. Schade, denn gerade kleinere Kinder ahmen das Verhalten ihrer Lehrer nach.

Es gibt Gründe über eine weitere Tendenz zu berichten, immer mehr Lehrer werden durch Schüler angegriffen! Dass in Dortmund drei Schüler versuchten, ihren ungeliebten Lehrer in der Schule mit einem Hammer zu töten, kann man in der Tatintensität noch als Ausnahme abtun. Die Zeiten haben sich jedoch geändert. So klagte Heinz-Peter Meidinger, Präsident des deutschen Lehrerverbands: »Immer mehr Eltern versuchen, Lehrer einzuschüchtern. Manche gehen sogar gerichtlich gegen schlechte Zeugnisse oder Noten vor.«[30] Bei einer Umfrage des Verbandes Bildung und Erziehung (VBW) gaben mehr als die Hälfte der Lehrer an, in den vergangenen fünf Jahren eine Form von Gewalt erlebt zu haben. 20 Prozent mussten sogar körperliche Angriffe hinnehmen. Diese Daten bestätigten bei einer weiteren Umfrage aus dem Jahr 2018 auch 1200 befragte Schulleiter. An jeder vierten Schule kam es zur physischen Gewalt gegen Lehrer, psychische Gewalt gab es an jeder zweiten Schule. Die Übergriffe gingen meistens von den Schülern aus.

Als eine junge Lehrerin (24) einen Jungen kritisierte, rief der seine Mutter an, die daraufhin mit dem Großvater in die Schule kam. Die Pädagogin wurde daraufhin beschimpft, geschubst und geohrfeigt.[31] Auch hier fehlt der öffentliche Hinweis, ob die Lehrerin oder die Schulbehörde von Amtswegen Strafanzeige gegen die Eltern erstattet haben. Jedes antisoziale Verhalten muss zeitnah geahndet werden. Es erschüttert bei den Geschädigten das Vertrauen in sich selbst und dem Staat in einem Höchstmaß, wenn Täter ungeschoren davonkommen. Dann besteht bei Kriminellen die Gefahr, dass sie in immer kürzeren Abständen immer intensivere Straftaten begehen.

»Kinder stoßen Lehrkräfte gegen das Schienbein, sodass die Kinder oft schon in der ersten Klasse als nicht beschulbar gelten. Wir haben eine Zunahme an Cybermobbing, das man eine Lehrerin abstechen oder verprügeln solle«, so Siegfried Hümmer, Beratungsrektor in Bayern in einem etwas holprigen Deutsch.[32]

Die Lehrer fühlen sich mit ihren Problemen vom Dienstherrn und der Politik im Stich gelassen, beklagte jeder zweite Pädagoge an bayerischen Schulen. Nur vier Prozent aller Gewaltvorfälle kommen überhaupt zur Strafanzeige, so eine durch den Bayerischen Lehrerverband in Auftrag gegebene Studie. Deshalb fordert der Verband zukünftig eine eigene diesbezügliche Statistik. Darüber ist Kultusminister Michael Piazolo not amused.[33] Das würde das Problem allerdings nachhaltig aufhellen. Statt-

---

30 Focus-online, Ober-Lehrer im Gespräch: Gewaltbereite Eltern sind eine Minderheit – doch die wächst, vom 01.06.2019, https://www.focus.de/familie/schule/mutter-griff-lehrerin-an-ober-lehrer-im-gespraech-gewaltbereite-eltern-sind-eine-minderheit-doch-die-waechst_id_10780751.html, eingesehen am 02.06.2019

31 ebd.

32 Bayerischer Rundfunk, Gewalt an bayerischen Schulen – wenn Lehrer zu Opfern werden, vom 06.12.2019, https://www.br.de/nachrichten/bayern/bt-gewalt-an-bayerischen-schulen-ein-tabuthema,RjnwD1f, eigesehen am 09.12.2019

33 nicht amüsiert

dessen überbetont er die Prävention, als wenn das ein alleiniges Universalrezept und Heilmittel wäre. Nur Repression und Prävention gleichzeitig können an den Problemen etwas wirksam ändern. Einseitigkeit und Schönfärberei führen in die Sackgasse. Bei aller berechtigten Kritik, so fehlt ein weiterer wichtiger Aspekt. Schulleiter drängen immer wieder ihre Lehrer und Lehrerinnen, auf Strafanzeigen zu verzichten. Der damit ausgelöste Trigger (Impuls) bedeutet für jeden Mitarbeiter, der Vorgesetzte steht nicht hinter mir. Dieses verheerende Signal hat Auswirkungen: Besorgniserregend ist die Anzahl der Lehrer mit psychischen Erkrankungen, als Folge ihres Allein-Gelassen-Werdens.

Das ist keineswegs alles an Defiziten. Bundesweit sind an mehr als 1000 öffentlichen Schulen die Leitungsposten unbesetzt, wie 2019 eine Stichproben-Umfrage der Deutschen Presse-Agentur an die Bildungsministerien der Länder ergab. Allein in NRW sind 457 Schulleiterposten nicht belegt. Brandenburg hat diese Zahlen vorsichtshalber erst gar nicht veröffentlicht. In Bayern sind dagegen weniger als ein Prozent der Schulleiterstellen nicht besetzt. Es sind also diesbezüglich bundesweit sehr große Unterschiede zu verzeichnen.

Schulleiter sind in Wirklichkeit Manager, die den politischen Willen der Regierung umsetzen müssen. Leider dürfen sie von dort auf keinerlei Rückendeckung hoffen. Wenn sie der Politik widersprechen, müssen sie damit rechnen, von dieser übel beleidigt und beschimpft zu werden. Schulleiter müssen sich mit vielen Alltagproblemen auseinandersetzen, z. B. dem Mangel an Lehrern, den Seiteneinsteigern und deren Fortbildung, mit Dienstplänen, mit Verbeamtungen, mit Beschwerden, mit der Vorbereitung von Schulkonferenzen, mit Mobbingfällen, mit Angriffen von Eltern und Schülern auf Lehrer u. v. m.

Wenn Schulen nur provisorisch geführt werden, dann ist das nicht nur ein Problem für die Schüler, sondern vor allem für die Lehrer. Dort, wo schlecht oder nicht geführt wird, entwickelt sich ein Eldorado für Intrigen, Neid und Missgunst, Tricksereien und Mobbing. Das ist ein hausgemachtes Problem, bei dem der herrschenden Politik im Bund und den Ländern der Wille zur Problemlösung fehlt. In Hessen wollen die Grünen in der Regierungspartei den Weg zur Erleuchtung gefunden haben: Bis zur achten Klasse werden die Schulnoten abgeschafft und durch schriftliche Beurteilungen ersetzt. An diesem Projekt sollen vorerst bis zu 150 Schulen mitarbeiten.[34] Schulleiter als die eigentlichen Fachleute wurden zu dieser (beabsichtigten) Maßnahme nicht befragt. Noch stemmt sich der amtierende Ministerpräsident gegen die Absenkung des Schulniveaus.

1.2 Mobbing: Bedeutung des Elternhauses und unmittelbaren sozialen Umfeldes

Es gibt einige Lebensgrundlagen, die man sich irreparabel in der Kindheit aneignet bzw. »eingeimpft« bekommt. Leitsätze in der Prägungsphase dringen tief ins Unterbewusstsein vor und verbleiben dort als Lebensmaxime, wenn sie nicht doch noch überschrieben werden. Beeinflussende Leitsätze können sein: »Das kannst Du nicht!«, »Du bist zu doof!«, »Du taugst nichts!« usw.

Täter haben ein gutes Gespür dafür, wer sich als Opfer besonders eignet. Das ist das Ergebnis einer intuitiven Kosten-Nutzen-Analyse. Er denkt ähnlich einem Wolf, der nach einer Beute Ausschau hält, die er leicht und ohne eigenes Verletzungsrisiko erlegen kann. Das ist kein zutreffender Vergleich? Nun, ich räume gerne ein, es ist eine etwas zugespitzte Formulierung. Jedoch habe ich diese keineswegs zufällig ausgewählt. Folgenden Text William Shakespeare's aus »Richard III.« unterstreicht das: »Selbst das wild'ste Tier kennt doch des Mitleids Regung. Ich kenne keins und bin deshalb kein Tier«.[35]

Wie kommt es, dass manche Menschen scheinbar das Pech gepachtet haben, währenddessen andere von einer Glückssträhne zur nächsten fliegen? Die Grundlagen dazu werden im frühen Alter gelegt. Kinder können nur Empathie gegenüber anderen Kindern ausbilden, wenn ihnen selbst durch die Eltern Empathie entgegengebracht wird. Der tiefe innere Blick von der Mutter zum Kind, bereits in den ersten Lebenswochen, entwi-

---

34 Spiegel.de, Hessen weicht Notenzwang auf vom 30.01.2019, https://www.spiegel.de/lebenundlernen/schule/hessen-geht-neue-wege-bei-der-noten-vergabe-an-schulen-a-1250988.html, eingesehen am 03.03.2019

35 Zeno.org, William Shakespeare, König Richard III., 1. Aufzug, 2. Szene, http://www.zeno.org/Literatur/M/Shakespeare,+William/Historien/K%C3%B6nig+Richard+III./Erster+Aufzug/Zweite+Szene, eingesehen am 04.04.2019

ckeln Urvertrauen und Geborgenheit, aus denen später ein gesundes Selbstbewusstsein und ein stabiles Selbstwertgefühl entstehen können. Denn was wir als Kinder und Erwachsene werden, entscheidet sich zu einem großen Teil in den ersten drei Lebensjahren. Die neuronalen Vernetzungen werden durch die Beziehungsqualität zwischen Mutter und Kind bereits sehr früh lebenslang fixiert.

Eine besondere Rolle kommt dabei den Spiegelneuronen zugute. Sie wurden erst 1992 durch den italienischen Hirnforscher Giacomo Rizzolatti beschrieben und entdeckt. Anhand von Versuchen an Affen wurde festgestellt, dass Nervenzellen in bestimmten Hirnregionen auch dann aktiv sind, wenn unsere nächsten Verwandten lediglich die Aktivitäten von Artgenossen beobachten. Bei emotional gefärbten Handlungen sind auch Spiegelneuronen beteiligt, die eine wichtige Rolle bei sozialen Verhaltensweisen spielen. Diese sind wichtig für das Gedeihen von Empathie und dem Einfühlungsvermögen. Dabei geht es darum, ein authentisches soziales Verhalten an den Tag zu legen, indem in Sekundenschnelle Gedanken und Gefühle eines Gegenübers erfasst werden. Menschen, bei denen keine Spiegelneuronen vorhanden sind, zum Beispiel durch einen Mangel an Wärme und Geborgenheit, Gewalt- oder Missbrauchserfahrung in der Kindheit, können oftmals keine oder nur begrenzte Empathie entwickeln. Diese elterlichen Defizite an einer bindungssicheren Zuwendung führen zur Selbstentfremdung, die später ein erhebliches Fehlverhalten zur Ursache haben. Das kann sowohl eine permanente Opferhaltung als auch Täterverhalten, einschließlich Mobbing zur Folge haben. Bestenfalls versuchen solche Menschen ein verirrtes Leben dahingehend zu führen, dass sie anstatt menschlicher Werte materiellen Erfolg als Ersatzreligion annehmen. Großeltern, Tanten und Onkels können sich jedoch bemühen, eine vertrauensvolle Ersatzbindung aufzubauen. Im Zuge der Zersplitterung von Familienstrukturen, nimmt diese Möglichkeit immer mehr ab. Auch in früheren Zeiten hat sich manch ein von seinen Eltern unverstanden gefühltes Kind zum Familienhund hingezogen gefühlt. Mit der Hilfe eines Tieres tauen Kinder und selbst Erwachsene auf und entwickeln eine enge innere Verbundenheit. Diesen Ansatz verfolgt man auch erfolgreich mit Tieren, die man zur Therapie heranzieht.

Die Natur hat uns Menschen eine zweite Chance gegeben. Spiegelneuronen verschalten sich insbesondere noch einmal zwischen dem 12. und 15. Lebensjahr in der Pubertätsphase neu.

Psychotherapeut Dr. Hans-Joachim Maaz hatte mit seinem Team 15.000 Menschen untersucht. Dabei fasst er die Selbstentfremdungen durch jeweils vier Mütterlichkeits- und Väterlichkeitsstörungen, mit den lebenslänglichen Auswirkungen auf das Kind zusammen.[36] Das interessante Ergebnis möchte ich Ihnen nicht vorenthalten:

1. »Mutterbedrohung«: Die Mutter lehnt das Kind ab. Es entsteht ein Mensch, der die Welt ein Leben lang als Bedrohung wahrnimmt.

2. »Mutterbesetzung«: Sie saugt das Kind energetisch aus. In der Folge zieht sich dieser Mensch zurück, da er befürchtet ausgenutzt und missbraucht zu werden.

3. »Muttermangel«: Das ist eine Mutter, die sich nicht kümmert, keine Liebe gibt, da sie es nicht kann oder an ihre Karriere denkt. Es entsteht das Bedürfnis, die Sehnsucht geliebt zu werden, etwas, das als Erwachsener aber nicht mehr funktionieren kann. Man kann sich anstrengen um mächtig und reich zu werden, wird aber nie die Liebe der Mutter bekommen. Es entsteht ein narzisstisches Kompensationssyndrom, jedoch ist die in der Kindheit nicht erfolgte Liebe für immer verloren.

4. »Muttervergiftung«: Das Kind soll so sein, wie es die Mutter haben will. Es entsteht ein abhängiger Mensch, der ein Leben lang nach »Ordnung und Führung« sucht. Er braucht Personen, die ihm sagen, was richtig und falsch, was er tun oder lassen soll. Der typische Mitläufer ist geboren. Das unkritische Partei- oder Gemeindemitglied. Er lässt sich immer wieder davon beeindrucken, was von außen kommt.

5. »Vaterterror«: Dieser lehnt das Kind ab, damit erzeugt er ein gehemmtes Selbst. Das Kind bekommt Angst zu expandieren, es fürchtet, dafür bestraft zu werden. Es wird zum potentiellen Revolutionär, Amokläufer, Attentäter, aber auch zum Kriegsbegeisterten. Sie tragen den Hass für die frühe Ablehnung in sich.

---

36 Wissensmanufaktur, Hans-Joachim Maatz: Von der Diktatur zur Diktatur der Irrationalität, https://www.youtube.com/watch?time_continue=11&v=SIZc_E9TQxw, eingesehen am 13.01.2029

6. »Vatererpressung«: Seine Kinder müssen so werden, wie es der Vater will. Es entsteht ein unterdrücktes Selbst. »Du musst tun, was ich von dir verlange!«.

7. »Vaterflucht:« Der Vater hat kein Interesse am Kind und der Familie, auch, weil ihm seine Karriere wichtiger ist. Das Kind bleibt passiv im Muttersog, da Vater keinen Anreiz gibt. Als Erwachsene wollen sich solche Menschen versorgen lassen, sind weiter passiv, wollen sich nicht anstrengen. Diese »Hilfsbedürftigen« verführen das Gegenüber dazu: »Versorge mich doch!«.

8. »Vatermissbrauch«: Das Kind soll etwas Besonderes werden. Der Vater ist hier ein Antreiber, ein Kinder-Trainer. Das Kind kann ihm einfach nicht gerecht werden. Später auf dem Siegerpodest rollen die Tränen, weil es endlich spürbar wird, welche Anstrengungen dazu notwendig waren. Dieses Erfolgserlebnis ist von sehr kurzer Dauer.

So gibt es Menschen, denen kein guter Start ins Dasein vergönnt ist. Sie tragen ein erhöhtes Opferrisiko. Das ist jedoch kein Naturgesetz, denn es ist nie zu spät, etwas für sich zu tun und an sich zu arbeiten. Dazu mehr im Kapitel 6.2 ab Seite 85.

Ich möchte auch über die für das Mobbing in Frage kommenden Täterpersönlichkeiten aufmerksam machen, die durch Vater- und Mutterstörungen hervorgebracht werden können. Bei ihnen besteht die Gefahr, die inneren Defizite, das selbst erlebte Leid kompensierend auf andere zu projizieren. Solche Personen bekämpfen als Stellvertretersyndrom, was sie bei sich selbst nicht wahrhaben wollen. Die unerfüllte Sehnsucht nach Geborgenheit und Anerkennung durch die eigenen Eltern, die nie in Erfüllung gehen wird. Der Mobbingtäter erscheint auf der Bildfläche. Damit sind Feinbilder, Hass und Sündenböcke geschaffen, die für die egoistische Existenz so dringend benötigt werden, um den eigenen Schmerz verstummen zu lassen.

Ein Kind muss sich jederzeit angst- und vorwurfsfrei an seine Eltern wenden dürfen. Nur so lässt sich ein stabiles Vertrauensverhältnis aufbauen, das auch dahingehend lebensprägend ist, dass ein Mensch durch sein selbstsicheres Auftreten eine Abwehrbereitschaft gegenüber potentiellen Aggressoren besitzt und allein durch seine Körpersprache präsentiert. Dazu gehören auch feste Regeln, innerhalb derer sich ein Kind bewegen soll, damit sich ein psychischer Reifegrad entwickeln kann. Das funktioniert nur über eine intensive Eltern-Kind-Beziehung und beinhaltet eben nicht, dass die Kinder den Eltern den Tagesablauf aufdiktieren. Viele brutale Taten von Kindern und Jugendlichen muss man leider damit erklären, dass der Nachwuchs emotional in einer Kleinkindphase stehengeblieben ist und deshalb die Folgen des eigenen Handelns nicht übersehen bzw. verstehen können.

Bei meinen Veranstaltungen gegenüber Erwachsenen frage ich gern danach, wer es nicht gelernt hat, »Nein« zu sagen. Das ist eine Steilvorlage für Personen, die intuitiv wahrnehmen, wer sich deshalb nicht gegen Überlastung, Erniedrigung oder Ausbeutung wehren kann. Erwachsene, die sich durch Abgrenzung nicht selbst schützen können, werden kaum in der Lage sein, diese Eigenschaft ihren Kindern vorzuleben. Wenn das Kind nicht von der Tante geküsst werden will, muss das akzeptiert werden, denn nicht die Eltern, geschweige Dritte bestimmen über den eigenen Körper, sondern ausschließlich das Kind selbst. Diese sind bei einem berechtigten »Nein« zu stärken und nicht zu maßregeln. Meinungsverschiedenheiten müssen ausdiskutiert werden, das heißt nicht, dass Kindern keine Grenzen zu setzen sind. Ein Verhaltensrahmen vermittelt Orientierung und Sicherheit. Der Unterschied besteht darin, dieses dem Kind auch einfühlsam klarzumachen, es sei denn, es dient der akuten Abwehr bei einer Gefahr für Leib und Leben. Befehlston durch ein autoritär-empathieloses Verhalten wirkt dagegen toxisch auf Psyche und Seele.

In weiteres Elternproblem ergibt sich, wenn die eigenen Kinder schwer gedemütigt werden. Das sind im Einzelnen körperliche und emotionale Misshandlungen, sexueller Missbrauch sowie körperliche und emotionale Vernachlässigungen. »Mit Blick auf elterliche Gewalt lässt sich diesbezüglich festhalten, dass Mädchen häufiger von ihren Müttern und Jungen häufiger von ihren Vätern viktimisiert werden« (Rosenthal, 1998; Sunday et al., 2008). Dabei setzen Mütter etwas mehr als Väter »leichtere (22,4 zu 19,3 Prozent) als auch schwere (1, 3 zu 1,1 Prozent) körperliche Gewalt« ein.[37] Das Züchtigungsrecht wurde in Deutschland abgeschafft und elterliche Gewalt gegenüber Kindern immer mehr gesellschaftlich geächtet.

---

37 Kriminologisches Forschungsinstitut Niedersachsen e.V., Deborah F. Hellmann, Repräsentativbefragung zu Viktimisierungserfahrungen in Deutschland, Forschungsbericht Nr. 122, 2014, eingesehen am 22.02.2015

Die meisten Kinder sterben nicht durch Fremde, sondern durch das eigene unmittelbare soziale Umfeld. Dazu gehört auch die Familie. Jedes Jahr verschwinden aus den Familien Kinder, weil sie getötet wurden. 2015 waren das in Deutschland 130 Kinder (plus 52 Tötungsversuche), davon 85 Kinder unter drei Jahren.

80 Prozent aller getöteten Säuglinge sterben durch Misshandlungen (meistens Gehirnverletzungen durch Schütteltrauma). Experten, wie zum Beispiel der Gerichtsmediziner Prof. Michael Tsokos, gehen davon aus, dass auf jeden offiziellen bekannt gewordenen Tötungsfall ein weiteres Tötungsdelikt an einem Kind erfolgt, dass im Verborgenen verbleibt. 2015 waren das dreizehn Schulklassen, die auf diese Weise in Deutschland unwiderruflich verschwunden sind. Zwischen 1995 und 2010 gab es je nach Altersgruppe für Kindesmisshandlungen eine Risikosteigerung von 140 bis 175 Prozent[38], währenddessen die offiziellen Zahlen der Polizeilichen Kriminalstatistik (PKS) bei Kindesmisshandlungen sinken. Nach wie vor versuchen »zahlreiche Interessenverbände, Berufsverbände und sogar staatliche Institutionen, die desolate Situation des deutschen Kinderschutzsystems zu verharmlosen und insbesondere das institutionelle Versagen der Verantwortlichen zu vertuschen«.[39]

Tsokos geht in Hochrechnungen von ca. 200 000 Misshandlungen pro Jahr aus. Pro Tag sind das rund 500 Kinder. Auf einen angezeigten Fall kommen zirka 400 unbekannte Fälle, am gefährdetsten sind die unter Sechsjährigen. Die häufigsten Verletzungen sind untypische Stellen: Gesäß, Rücken, Genitale, Innenflächen der Oberschenkel mit auffälligen Verletzungsmustern. Zum Beispiel kreisrunde Zigarettennarben, Spuren der Herdplatte, Verbrühungen, Handabdrücke, Stockabdrücke, Abschnürungen oder Kopfverletzung auf der Schädelplatte (darauf können Babys vom Sofa nicht fallen).

Johannes-Wilhelm Rörig, Missbrauchsbeauftragter der Bundesregierung geht von 60.000 bis 100.000 Missbrauchsfällen pro Jahr durch sexuelle Gewalt aus. Auf 18 Jahrgänge hochgerechnet sind das eine Million betroffene

---

38 Michael Tsokos, Saskia Guddat, Deutschland misshandelt seine Kinder, Knaur-Taschenbuch, Droemer-Verlag, 2015, S. 30, eingesehen am 23.09.2015

39 Ebd.

Kinder in Deutschland! Es gibt selbst Fälle, in denen Babys vergewaltigt werden. Als Röhrig seine Zahlen in einem Welt-Interview vom 18.05.2016 präsentierte, stellte er resignierend fest: »Die Politik denkt wohl, dass das kein Gewinnerthema ist und möchte es immer wieder gerne schnell abräumen. »Die Statistik zeigt mit schrecklicher Deutlichkeit, dass das Thema sexueller Kindesmissbrauch ein gesellschaftliches Massenphänomen ist.« Diese Aussagen kann ich mit den neuesten Zahlen nur bekräftigen. Allein in Berlin zählte die Polizei immer mehr schwere Sexualstraftaten gegen Kinder. Im Jahr 2019 waren in der Bundehauptstadt unfassbare 846 Kinder betroffen[40] und das sind nur die bekannten Fälle.

Kleinstkinder, die sexuell missbraucht wurden, zeigen ein eingefrorenes Lächeln (frozen watchfulness). Das ist eine Schockstarre. Sie bewegen sich nicht und beobachten die Umgebung aus dem Augenwinkel heraus. Sie haben eine distanzlose Zugewandheit, strahlen jeden an, anstatt zu schreien. Aufgrund ihrer Misshandlungserfahrungen nehmen sie an, dass sie niemand beschützt, wenn sie um Hilfe schreien. Damit wollen sie instinktiv jeden Täter durch ihr Verhalten entwaffnen und »gütig« stimmen.

Man braucht nicht viel Phantasie, um sich vorzustellen, wie es diesen Kindern ergeht, wenn sie es geschafft haben zu überleben und sie in die Schule kommen. Vielleicht haben sie Glück und bekommen eine Chance, wenn erfahrene Pädagogen ihre Verhaltensauffälligkeiten bemerken, um der Sache auf den Grund zu gehen. Mitunter gelten sie auch »nur« als notorische Ausreißer oder nehmen Selbstverletzungen an sich vor, um sich später dem Drogenmissbrauch hinzugeben.

Um den Familienbezug zu erhalten, habe ich mich entschlossen bereits typische Gewalt-, Mobbing- und Missbrauchshandlungen vorweg zu nehmen: Einige davon habe ich zusammengefasst:

- Kindern Angst machen
- einschüchtern, ausgrenzen, isolieren
- verspotten, vorführen
- erniedrigen durch Schlagen, (auch in der Öffentlichkeit)

---

40 BZ-Berlin.de, 846 Kinder wurden 2019 in Berlin sexuell missbraucht, vom 07.01.2020, https://www.bz-berlin.de/berlin/846-kinder-wurden-2019-in-berlin-sexuell-missbraucht, eingesehen am 07.01.2020

- Kinder entwerten, klein machen
- gezielt entmutigen
- Unterdrückung und Druck ausüben
- Keine Grenzen setzen, sich selbst überlassen
- Liebesentzug als Strafe für das Kind

- Die Strafe erfolgt oft zu einem Zeitpunkt, in dem das Kind keinen zeitlichen Zusammenhang zwischen der Handlung und der Konsequenz herstellen kann.

- Kinder müssen das tun, was Eltern immer wollen. Die Kinder werden somit mit den Eltern synchron geschaltet. Eine eigene Persönlichkeit wird ihnen nicht zugestanden.

- Kinder werden als Waffe in Scheidungsverfahren gegen den Partner missbraucht. Das führt zu einer großen Verunsicherung, da gewöhnlicherweise Kinder Vater und Mutter benötigen und lieben.

- Bei Kindern wird vorsätzlich das Gefühl der Schutz- und Hilflosigkeit ausgelöst, um sie zu »erziehen«.

2

Phänomen: Mobbing

2.1 Begriffserklärungen Mobbing

Der Begriff Mobbing ist die Nennform des englischen Ausdrucks »to mob«. In Bezug auf den zu beschreibenden Sachverhalt versteht man im Deutschen darunter »angreifen«, »anpöbeln«, »schikanieren« oder »über jemanden herfallen«.

Die Charta der Grundrechte der Europäischen Union, bezeichnet im Art. 12 a Abs. 3 Mobbing in einer eigenen Definition als »(...) ungebührliches Verhalten, das über einen längeren Zeitraum, wiederholt oder systematisch in Verhaltensweisen, mündlichen oder schriftlichen Äußerungen, Handlungen oder Gesten zum Ausdruck kommt, die vorsätzlich begangen werden und die Persönlichkeit, die Würde oder die physische oder psychische Integrität einer Person angreifen.«[41]

Der Bundesgerichtshof (BGH) versteht unter Mobbing »systematisches Anfeinden, Schikanieren und Diskriminieren.«[42] Das Bundessozialgericht (BSG) bezeichnet »Mobbing« als einen sich über eine über längere Zeit hinziehenden Konflikt, »in dessen Verlauf das Opfer verbal attackiert, in seinen Möglichkeiten zur Kommunikation eingeschränkt wird.«[43]

2001 formulierte in einem bahnbrechenden Urteil das Landesarbeitsgericht (LAG) Thüringen zu Mobbing folgendes: ... als »fortgesetzte, aufeinander aufbauende oder ineinander übergreifende, der Anfeindung, Schikane oder Diskriminierung dienende Verhaltensweisen (...), die nach ihrer Art und ihrem Ablauf im Regelfall einer übergeordneten, von der Rechtsordnung nicht gedeckten Zielsetzung förderlich sind und jedenfalls in ihrer Gesamtheit das allgemeine Persönlichkeitsrecht, die Ehre oder die Gesundheit des Betroffenen verletzten.«[44]

---

41 Urteil des Gerichts für den Öffentlichen Dienst der Europäischen Union (Zweite Kammer) vom 11. Juli 2013, https://eur-lex.europa.eu/legal-content/DE/TXT/HTML/?uri=CELEX:62012FJ0157_SUM&from=NL, eingesehen am 02.01.2019

42 BAG vom 15.1.1997, NZA 1997, 781, http://www.prinz.law/urteile/BAG_7_ABR_14-96, eingesehen am 02.01.2019

43 BSG vom 14.2.2001 – B 9 VG 4/00 (Opferentschädigung), https://lexetius.com/2001,189, eingesehen am 02.01.2019

44 LAG Thüringen vom 15.2.2001 – 5 Sa 102/2000, https://research.wolterskluwer-online.de/document/29f65fe2-8265-4788-b740-21780ab024e2, eingesehen am 02.01.2019

Prof. Manfred Zapf von der Universität Frankfurt stellt fest: »Mobbing beinhaltet, dass jemand am Arbeitsplatz von KollegInnen, Vorgesetzten oder Untergebenen schikaniert, belästigt, drangsaliert, beleidigt, ausgegrenzt oder beispielsweise mit kränkenden Arbeitsaufgaben bedacht wird und der oder die Mobbingbetroffene unterlegen ist.«[45]

Die verschiedenen Begriffsbestimmungen weisen bereits auf ein Dilemma hin, es fehlt an einer gesetzgeberischen Definition in Deutschland. Auch sind die Begrifflichkeiten zum Teil sehr schwammig. Wenn von einem »ungebührlichen Verhalten« gesprochen wird, wird darunter jeder etwas anderes verstehen. Vom Antidiskriminierungsgesetz[46] einmal abgesehen, fehlt es ebenso an einer einheitlichen Rechtsprechung. Dieses Spezialgesetz können jedoch nur ausgewählte Personen in Anspruch nehmen, näheres im dritten Kapitel »Strafrechtliche und zivilrechtliche Verantwortlichkeiten«. Ich habe die wesentlichen Punkte zusammengefasst:

- Die Handlungen müssen über einen längeren Zeitraum (hier dienen ca. sechs Monate als Orientierung) ständig wiederkehrend (mindestens ein Vorfall pro Woche) stattfinden. Erfolgt aufgrund der Anfeindungen eine Erkrankung, kann der Zeitraum auch kürzer sein. (Den Nachweis muss der Geschädigte erbringen, siehe ab Seite 85)
- Das Kräfteverhältnis ist im Ungleichgewicht, da der Angegriffene klar unterlegen ist. Gewöhnlicher Weise richten sich die Handlungen von mehreren Personen gegen einen Einzelnen.
- Die Handlungen sind systematisch und zielorientiert, sie verfolgen eine destruktive Absicht, die andere in ihrer Menschenwürde stark verletzt.
- Die Eigenhilfe des Betroffenen ist nicht mehr ausreichend.
- Die feindseligen Handlungen sollen letzten Endes zum Ausscheiden aus der Klasse, Schule oder dem Arbeitsteam führen.
- Einzelne Verfehlungen werden nicht als »Mobbing« klassifiziert, können aber Straftatbestände enthalten.

Um den Focus vom Täter auf den Betroffenen zu lenken, ist es wichtig, dass Letzterer bestimmt, ob die Handlungen als Mobbing empfunden

---

45 Manfred Zapf, Goethe Universität Frankfurt am Main, Forschung, https://www.uni-frankfurt.de/45198763/Mobbing, eingesehen am 12.08.2019

46 Allgemeine Gleichbehandlungsgesetz (AGG)

werden oder nicht. Meistens wird den Leidtragenden eine angebliche Überempfindlichkeit bescheinigt. Selbst wenn das der Fall **wäre**, weil jemand beispielsweise besonders sensibel ist, gibt das keinen Tätern eine Berechtigung, diese angebliche »Schwäche« immer wieder durch Provokationen, Erniedrigungen oder Bloßstellen unheilvoll zu zelebrieren.

In der Mobbingproblematik tauchen mehrere Begriffe auf, einige davon will ich erläutern: »Bullying« oder »Cyberbullying« kennzeichnet einen einzelnen Tyrannen, der schikaniert und seinem Opfer oder einer bestimmten Gruppe eindeutig überlegen ist. Der Bully drangsaliert ebenso wie der Mobber. In Deutschland finden wir dafür vorwiegend die Bezeichnungen »Mobbing« und »Cybermobbing« vor. Daran sind immer mehrere Personen beteiligt, die einem Opfer schwer zusetzen. Hierbei treten Rädelsführer hervor, die in der mobbenden Gruppe das Ausmaß der Misshandlungen anstiften und bestimmen. Die Bezeichnung »Cyber« kennzeichnet in diesem Zusammenhang das Internet und deren modernen Kommunikationsmittel. Die Begriffe »Mobber« und »Bully« nähern sich immer mehr an und finden umgangssprachlich für die Bezeichnung der Täter bei Mobbing eine einheitliche Verwendung. »Bossing« ist eine spezielle Form des Mobbings, hier mobbt der Chef einen unterstellten Mitarbeiter. Wenn viele Unterstellte ihren Chef mobben, nennt man das »Staffing«.

Zur Vereinfachung werde ich in diesem Buch überwiegend von Mobbern, Mobbing und Cybermobbing schreiben.

2.2 Ursachen, Motive, Opfer- und Tätermerkmale

Wenn man sich die Frage stellt, wo Mobbing herkommt, muss man klar sagen, dass Kinder unsere Erwachsenenwelt spiegeln. Wie bereits angeführt, wird kein Kind als Mobber oder Bully geboren. Sprichworte wie »Der Apfel fällt nicht weit vom Stamm« oder die Selbsterkenntnis, dass man im Alter nicht nur äußerlich seinen Eltern immer mehr gleicht, obwohl man doch so vieles anders machen wollte, weist auf das eigentliche Problem hin. Kinder werden in frühen Jahren sozialisiert. Verhaltensweisen werden der Erwachsenenwelt nachgemacht und übernommen. Einige der Ursachen und Motive hatte ich schon im Kapitel 1.2 beschrieben.

Ein anderer Punkt sind Medien, die Einschaltquoten und Auflagenhöhen durch die gezeigte Gewalt zu erreichen suchen. Wenn junge Täter nach einem Tötungsdelikt äußern, sie wollten lediglich einmal sehen, wie es sei, wenn ein Mensch tatsächlich stirbt, ist das zwar erschütternd aber nicht verwunderlich. Kinder und Jugendliche erleben auf diese Weise die Gewalt, Pornographie, Ellenbogenmentalität, und den Narzissmus der Erwachsenenwelt.

Prinzipiell kann es jeden treffen, um ein Opfer von Mobbing zu werden, keiner ist davor gefeit, erst recht nicht Kinder. Ein Kind ist besonders brav, lernbegierig und Klassenbester (»Streber«), andere besonders unsportlich, übergewichtig oder mit einer langsameren Auffassungsgabe ausgestattet. Ein einzelner Schüler besitzt kein Handy in der Klasse oder ist, aufgrund seines Elternhauses, nicht in der Lage, mit bekannten Markensachen aufzuwarten. Umgekehrt fällt ein Schüler besonders damit auf, dass er aus einem sehr wohlhabenden Elternhaus stammt. Ein anderes Kind kleidet sich gern »ungewöhnlich« und/oder fühlt sich zum gleichen Geschlecht hingezogen. Eine »falsche Religion«, oder auch keine Religion können ebenso ein Grund sein, wie einen »komischen Dialekt« zu sprechen, weil die Eltern den Arbeitsort in ein anderes Bundesland verlegen mussten. Ein Kind fällt damit auf, dass es eine unsichere Persönlichkeitsstruktur besitzt, ein anderes reagiert hektisch, wenn es in Konfliktsituationen gerät, in der oftmals Angst eine ständige Rolle spielt. Derer Möglichkeiten gibt es viele, warum Kinder auffallen, wenn sie anders als die Mehrheit sind. In diesem Zusammenhang bitte das Kapitel 7.1.1. »Mobbing und Wahrnehmungsprozesse« ab Seite 112 beachten, indem ich diese Phänomene erläutere.

Der neunjährige Martin war ein nervös erscheinender Junge, weil er offensichtlich große Unsicherheiten und Ängste in sich trug. Anstatt dem Kind durch viele Erfolgserlebnisse und positive Rückmeldungen zu helfen, sorgte in der Kindertagesstätte eine Erzieherin durch eine Dauerschelte immer wieder dafür, dass das Kind in der Gruppe zum Außenseiter abgestempelt wurde. Bald entdeckten einige Gleichaltrige ihren Spaß am Erniedrigen und beteiligten sich an der Menschenjagd, indem sie das Kind ausgrenzten, anschrien und mit Schlägen traktierten. Als eines Tages die Mutter des Jungen überraschend früher auftauchte und vollen Entsetzen mit ansehen musste, wie ihr Kind durch die Einrichtung gejagt wurde, sah sie keine andere Lösung, als ihr Kind von heute auf morgen aus dieser Einrichtung zu nehmen. Martin wurde ein Schlüsselkind und ging ab sofort nach der Schule nach Hause.

Schauen die Lehrer und Erzieher weg, entstehen Probleme, die sich bei einem betroffenen Kind verfestigen können. Dazu ermöglicht Cybermobbing die Schikanen rund um die Uhr, 24 Stunden am Tag fortzusetzen.

Die Eskalationsspirale ist dann schnell in Gang gesetzt. Die ersten Anzeichen scheinen harmlos zu sein, kleine Sticheleien oder geringe Differenzen, doch schnell bekommt die Sache eine Eigendynamik ungeahnten Ausmaßes. Dabei bestehen viele Konflikte auf Fehldeutungen des Gesagten, da die Gefahr besteht, dass mitunter das Wesen der Kommunikation aus Missverständnissen besteht. Diese Wahrscheinlichkeit besteht besonders in Klassen, in denen Lehrer nicht darauf achten, wie kleinere Streitereien untereinander ausgetragen werden. Herrscht eine Kultur des Stärkeren ähnlich der Erwachsenenwelt? Oder werden kommunikative Störungen durch sensibles Zurückfragen über den Inhalt der Botschaft aus dem Wege geräumt? Gibt es an der Schule feste und verbindliche Regeln, auf deren Einhaltung konsequent geachtet wird? Ein einfaches aber sehr wirkungsvolles Instrument hat von Friedrich Schulz von Thun mit dem Vier-Seiten-Modell in der Kommunikation an die Hand gegeben. Demnach haben Sender und Empfänger die Möglichkeit einen Satz auf vier verschiedenen Ebenen zu senden und zu decodieren. Im Idealfall finden beide über die gleiche Ebene zueinander. Wie das funktioniert erkläre ich umfangreicher im Kapitel 7.2 ab Seite 117. Das Modell muss ständig konditioniert werden, weil man sonst immer wieder in alte Verhaltensmuster zurückfällt.

Zur Persönlichkeit des Mobbers

Ich kann nicht bestätigen, dass Mobber in der Schule durch besonders schlechte Leistungen auffallen. Im Gegenteil, diese zeichnen sich nicht selten durch gute Noten, körperliche Fitness und kalte Führungsstärke aus. Den Antrieb bzw. Hintergrund für solche Persönlichkeitseigenschaften hatte ich schon ausführlich beschrieben. Die anderen Gruppenmitglieder werden bald durch falsche Freundschaftsbeweise merken, dass es Spaß macht, jemanden zu quälen. Vor allem auch, weil sie dem Bully gefallen wollen. Andere Mitläufer unterstützen und bestätigen den Tyrannen und bemühen sich, in der Hackordnung der Gehässigkeiten aufzusteigen. In Teilen unserer Gesellschaft, in der Täuschung und Rücksichtslosigkeit als clever gelten, Selbstüberschätzung und Eigennutz zu den vermeintlichen Grundlagen menschlichen Handelns gehören, wundert es allerdings nicht, wenn bereits Kinder dieses Verhalten kopieren. Narzissten bilden sich bereits bei den Heranwachsenden aus. Wo Empathielosigkeit herrscht, sind Egomanen nicht weit. Rund fünf Prozent der Bevölkerung sind Narzissten. Das Fundament für dieses ichsüchtige Verhalten werden schon in den ersten beiden Lebensjahren gelegt. Zu wenig Aufmerksamkeit und zu viel Tadel sorgen später für eine Kompensation: »Eine ist, sich klein zu machen, keine Ansprüche zu stellen und am Ende depressiv zu werden. Die andere Möglichkeit besteht darin, kompensatorisch ins Gegenteil zu gehen und dominant oder protzig aufzutreten, um die innere Wunde zu verbergen. Ein narzisstisches Auftreten, das darauf abzielt, andere zu unterwerfen, kann schon früh einsetzen. Anführer von Schüler-Gangs sind oft Narzissten.«[47]

Man darf den subjektiven Mehrwert für die Mobber nicht unterschätzen, denn die Machtdemonstration, jemandem überlegen zu sein, den Daumen zu heben oder zu senken, ist Balsam für die eigene geschundene Seele und bringt Anerkennung in der Gruppe. Es ist das Abbild des Gesetzes der Stra-

---

47 Welt-online, Interview mit Prof. Joachim Bauer, Warum Menschen zu Narzissten werden, vom 23.09.2019, https://www.welt.de/gesundheit/psychologie/plus200754462/Psychologie-Warum-Menschen-zu-Narzissten-werden.html, eingesehen am 24.09.2019

ße, indem man Stärke dokumentiert, die andere Aggressoren abschrecken sollen, weil man sich wehrt. Den eigenen Status zu erhöhen, indem man andere quält, verschafft nicht nur in dieser Subkultur eine Anerkennung.

Respekt ist mehr als nur Toleranz oder Akzeptanz. Gewalt und Mobbing sollen dazu beitragen, einen falschen Respekt einzufordern und damit den eigenen Status zu erhöhen. Natürlich sind bei kleineren Kindern noch nicht diese Gedankengänge präsent. Sich auf Kosten anderer zu profilieren ist nicht nur bei Narzissten oder Psychopathen weit verbreitet. Mobber und Bullys haben oftmals eine Anführermentalität in ihrer Charakterstruktur, die keinesfalls zu unterschätzen ist.

In einer Clique, bei der Oberflächlichkeit, Gewalt und andere Straftaten im Vordergrund stehen, können falsche Vorbilder durch größere Kinder oder Gleichaltrige mit diesbezüglichen Erfahrungen schnell als grandios empfunden und nachgeahmt werden. Der Gruppendruck wird durch Kinder und Jugendliche als immens empfunden, da ein Zugehörigkeitsgefühl überlebenswichtig erscheint.

Aber auch die Gruppe bzw. Schulklasse profitiert davon. Eigene Unstimmigkeiten und Konflikte werden dadurch begraben, indem man ein gemeinsames Feindbild aufbaut. Eine viel beobachtete Praxis aus der Arbeitswelt ist, dass es dort, wo die Gräben untereinander besonders tief sind und es keine klare Führung durch Behörden- oder Schulleitung, Lehrer, Vorgesetzte oder Chefs gibt, die Mobbinggefahr besonders groß ist, wenn ein Individuum dazu stößt, das anders ist. So entstehen neben der offiziellen Struktur schnell Paralleluniversum durch ungeschriebene Gesetze, dem die Schwächsten zum Opfer fallen, die sich nicht ausreichend wehren können.

Aber auch einzelne, menschliche vermeintlich triviale Schwächen, wie eine defizitäre Konfliktfähigkeit und besonders stark ausgeprägte Impulsivität mit einhergehender mangelnder Eigenkontrolle können Ursachen für Mobbing sein. Wird dazu jede Gegenrede als persönlicher Angriff falsch codiert und der Gegner erweist sich als schwächer, sind die Grundlagen zum Mobbing oder Bullying schnell gelegt. Es ist ein Irrtum anzunehmen, Mobber wären prinzipiell von Ängstlichkeit und Selbstzweifeln geprägt. Der Abbau von Frust und Langeweile gehören ebenso dazu.

Weitere mögliche Tätermerkmale

Der **Sadist** genießt es, sein Opfer zu quälen. Gegenwehr fordert ihn nur noch mehr heraus. Sein Verhalten muss unbedingt entlarvt werden. Ob Kinder auf dem Entwicklungsweg zum Sadisten sind, lässt sich nur schwer voraussagen. Besondere Achtsamkeit sollten Tierquäler erhalten. Erfolgt dieses immer und immer wieder, ist höchste Achtsamkeit geboten. Nicht umsonst gibt es einen Zusammenhang zwischen Tierquälerei und Brandstiftung, der Beginn einer langen kriminellen Karriere als Serientäter.[48] Der psychischen Qual gegenüber anderen Kindern folgen im Jugend- und Erwachsenenalter bald körperliche Verbrechen an Menschen. Bei solchen Verdachtsgründen ist der einzige Weg das Mobbing im Kindesalter, zum Schutz der Opfer, abzustellen, die Entfernung aus der Klasse. (Etwas anderes sind Mitläufer zu behandeln, die Tiere quälen, weil es in der Gruppe üblich ist. Hier reichen oftmals intensive Gespräche, um diese Verhaltensweisen nachdrücklich abzustellen. Solche Kinder mobben in der Regel auch nicht andere Kinder.)

Der **Neider**: Gibt es Neid und Missgunst im Kindesalter? Aber selbstverständlich. Intrigen, üble Nachrede und Verleumdung können die Folge sein. Beispiel: »Sabine wurde gestern im Kaufhaus beim Schuhe Klauen erwischt.« Eine Chance, sich gegen dieses gestreute Gerücht zu wehren, hat Sabine nicht, da sie davon keine Kenntnis erhält. Falls doch, dann vermutlich als Letzte, denn dann sind bereits alle Messen gesungen und die Vorverurteilung erfolgt, ihr Ruf schwer geschädigt. Sie wird sich wundern, dass sie gemieden wird, was sie sich nicht erklären kann. Gerüchtemachern darf man keine Plattform bieten.

Leider gibt es auch Fälle, in denen Lehrer oder Erzieher durch Äußerungen einen Mitschüler bloßstellen und somit zum Abschuss freigeben. Mitunter soll damit nicht das Kind getroffen werden, sondern ein Elternteil! Ausführlicher zu dem Thema durch mobbende Lehrer im Kapitel 4.1 ab Seite 66.

---

48 Steffen Meltzer, Zusammenhang zwischen Tierquälerei und Serienstraftaten gegenüber Menschen, vom 20.07.2018, https://www.steffen-meltzer.de/zusammenhang-zwischen-tierqaelerei-und-serienstraftaten-gegenueber-menschen/, eingesehen am 12.11.2019

2.3 Gruppendynamische Prozesse und Eskalationsstufen

Es gibt eine typische Entwicklung bei der Entstehung von Mobbing. Ausgangspunkt können kleine Konflikte sein, bei denen sich schnell ein Ungleichgewicht des Kräfteverhältnisses entwickeln kann. Kommen die bereits beschriebene typischen Tätermerkmale dazu und ein Opfer, das aus welchen Gründen auch immer anders ist, sind die Voraussetzungen für Mobbing gegeben.

Vielleicht kennen es noch einige Leser aus der eigenen Schulzeit, wenn beim Schulsport zwei Mannschaften von ihren Mitschülern ausgewählt wurden und immer dieselben übrig bleiben, weil sie unsportlich oder unbeliebt waren. Das kann zwar sehr verletzend sein, ist aber noch kein Mobbing. Jedoch können sich daraus Mobbinghandlungen entwickeln.

Niemand kann gezwungen werden, jedem mit der gleichen Aufmerksamkeit und Sympathie zu begegnen. Das wäre lebensfremd. Wenn jedoch ein Mitschüler grundsätzlich ignoriert wird, der Gruß verweigert oder er wie Luft behandelt wird, muss dieses Handeln als problematisch bezeichnet werden. In der Schule wird man diese Negierungen entweder gar nicht bemerken und falls doch, als kleine Konflikte abtun. Das übliche Motto lautet: »Klärt das mal unter euch!«.

In der nächsten Steigerungsform findet der Meinungsführer Gleichgesinnte. Auch eine Koalition mit Konkurrenten ist möglich, da ein gemeinsames Feindbild viele Grabenkämpfe untereinander kittet. Viele Schüler dienen sich dem Mobber an, weil sie meinen, dadurch in der Beliebtheitsskala aufzusteigen und machen kritiklos mit. Man tuschelt untereinander, lacht über eine Person und verbündet sich. Die gefundene Gruppe stabilisiert sich. Dazu dienen zum Beispiel auch eigene WhatsApp-Gruppen. In der Schule wird den Lehrkräften davon kaum etwas auffallen. Man nimmt es als typische Cliquenbildung hin, denn Außenseiter und Einzelgänger gibt es überall und das kann nur an dem Mobbingopfer liegen.

In der dritten Stufe wird der/die von Mobbing Betroffene offensiv angegangen. Die Belästigungen können hierbei auch schon außerhalb der Schule erfolgen. Lächerlich machen, Schulunterlagen verschwinden lassen, destruktive Kritik, verpetzen u.v.m. Es ist bereits für die Lehrer sehr spät geworden, um einzuschreiten. Die gruppendynamischen Prozesse haben eine Eigendynamik entwickelt. Das hat zur Folge, dass Mobber und Lehrer/Schulleitung dem Betroffenen alle Schuld in die Schuhe schieben.

Eine Eskalationsstufe weiter nehmen sich die Mobber gezielt andere Schüler vor, die (noch) mit dem Betroffenen fair kommunizieren oder für diesen Sympathien zeigen. Sie werden entweder ebenso (zeitweilig) gezielt angegriffen oder anhand von Intrigen oder Gerüchten gegen das Opfer ausgespielt und aufgehetzt. Der Zersetzungsprozess war erfolgreich, dem Leitragenden wird die gesamte Schuld für die Geschehnisse in die Schuhe geschoben. »Zu empfindlich« und »im Kopf krank« sind die typischen Unterstellungen. Dem werden sich die Verantwortlichen der Schule bald anschließen. Ähnlich den Tätern, erfolgt auch hier eine Täter – Opfer – Analyse, dabei stellt sich schnell heraus, dass es viel leichter ist das Opfer zu entfernen, als sich mit der Tätergruppe auseinandersetzen zu müssen. Lehrer und Erzieher sind nicht nur hilflos, sondern es fehlt auch oft der Wille zur Konfliktklärung und Schutz der Betroffenen. Täter und Verantwortliche für die Zustände, gehen eine Kumpanei ein, die nirgendwo offiziell existiert.

Eine Stufe höher ist der/die Betroffene bereits völlig isoliert. Es kommt zu offenen Angriffen bis hin zu Todesdrohungen. Als Ziel steht die Vernichtung des Opfers. Entweder der Mitschüler wird in die Krankheit oder gar in den Suizid getrieben, denn der Plan gilt: Der/Die Betroffene muss aus dem Klassenverband ausgeschlossen werden. Die Folgen sind auf jeden Fall dramatisch, da der/die Schwächere bereits von den Angriffen erheblich in seiner physischen und psychischen Gesundheit geschwächt und deshalb stark eingeschränkt ist. Wesentliche Persönlichkeitsveränderungen erfolgen, Langzeitschäden sind möglich und wahrscheinlich.

Wird nicht eingegriffen, stellt sich sehr bald heraus, dass nach dem Ausscheiden des Mitschülers aus dem Klassenverband bald der nächste Schüler gemobbt wird. Das Versagen der Verantwortlichen hat dazu geführt, dass die Täter und Mitläufer ihre Gruppenstruktur festigten. Besonders die Täter erleben dahingehend eine positive Lerngeschichte, da sie sich erfolgreich auf Kosten eines Opfers profilieren konnten. Das unsoziale Verhalten wird sich deshalb manifestieren.

Die Schule wird alles daran geben, das Opfer zu verbannen. Der Rauswurf soll in der Schule die vermeintliche Ruhe wieder herstellen. Dem folgt der/die Betroffene einschließlich seiner Familie meistenteils freiwillig. Notfalls hilft man mit schlechten Noten, Bewertungen und sehr speziellen pädagogischen Maßnahmen nach.

Danach fängt das Mobbing wieder an. Diesmal wird in derselben Klasse ein anderer Schüler schikaniert, da die Täter noch vor Ort sind. Es könnte aber genauso einen Lehrer treffen. Wird die Spirale der Gewalt nicht von außen durchtrennt, breitet sich das Mobbing wie ein Krebsgeschwür aus.

2.4 Charakteristische Mobbinghandlungen

»Du Opfer!« ist ein sehr gebräuchlicher Ausdruck auf den Schulhöfen Deutschlands. Es erhebt den Sender der Nachricht über den Empfänger und stigmatisiert den Angesprochenen in einem persönlichen Angriff als wehrlos, unterwürfig und ausgeliefert. Für sich genommen ist dieser Satz kein Mobbing, jedoch ist Sprache immer verräterisch. Wer sich nicht auf Augenhöhe befindet, wird von Aggressoren ausgebeutet und schlecht behandelt. Noch schlimmer ist allerdings die Ausgrenzung.

Wir Menschen sind zutiefst soziale Wesen, deshalb schmerzt es uns besonders, wenn wir aus einer Gruppe ausgeschlossen werden. Das hängt mit unserer geschichtlich determinierten DNA zusammen. Wurde einst ein Individuum aus der Gemeinschaft verjagt bzw. ausgesondert, hatte das meistens den Tod zur Folge. Kälte, Raubtiere und andere Gefahren warteten auf den Ausgesetzten, die Überlebenswahrscheinlichkeit war gering. Selbst Kinder wurden einst durch die Erwachsenen bei Gefahrenlagen oder Hungerkatastrophen zurückgelassen oder getötet und aufgegessen! Besonders Kinder sind in unserem gemeinschaftlichen sozialen Erbgut verankerten Überlebensmodus auf ihre Eltern angewiesen, aber auch auf Menschengruppen der Kitas oder Schulklassen. Jemanden nicht zu beachten und zu ignorieren ist eine besondere seelische Folter. Um erfolgreich zu mobben, muss jemanden unbeliebt gemacht, ja geradezu entmenschlicht werden, nur dann funktioniert die Ausgrenzung. Ist das Opfer erst einmal faktisch vogelfrei, sind alle Hemmungen gebrochen und jegliche Perversion erlaubt.

Das Bloßstellen, Hänseln und Lächerlich-Machen ist weit verbreitet. Dazu zählen verletzende Spottnamen, abwertende Grimassen schneiden, Nachäffen. Heimlich aufgenommene Gespräche oder entwürdigende Fotos, intime Videos, angebliche Blamagen oder ähnliches sollen dazu dienen, jemanden in seinem Ansehen zu schädigen und zu isolieren. Hierzu dient auch das vorsätzliche Verbreiten von falschen Behauptungen, Anschuldigungen oder Geheimnissen. Bei Letzterem kommt es zum Bruch der Vertraulichkeit des Wortes.

Die ständigen Belästigungen können sehr vielfältig sein. Dabei wird dem Betroffenen durch dauernde Bedrohungen Angst gemacht. Gezielt provoziert werden Unsicherheit, Schreck und Ekel, um das Opfer in Panik zu versetzen. Der »psychologische Terrorismus«[49] dient dazu, dass sich ein Mensch in keiner Situation sicher fühlen kann. Hierzu gehört auch das Überbetonen von angeblichen Fehlern und Defiziten. Regelmäßig werden Sachverhalte hervorgeholt, bei denen ein Schüler unglücklich aufgetreten ist. Dazu gehören auch andauernde Unterstellungen, z. B. »nicht lebenswert« zu sein. Das ist besonders perfide, weil die ständige Wiederholung dessen dazu führen kann, dass ein Kind anfängt, daran zu glauben, dass es nicht normal wäre und kein Existenzrecht hat. Das geht bis zur direkten Aufforderung, sich das Leben zu nehmen.

Auch der Diebstahl wichtiger Schulsachen, das Geld-Abziehen oder die Beschädigung des Fahrrads bzw. anderer wichtiger Alltagsgegenstände sind üblich. Werden diese beschädigt oder gestohlen, ist es zur aktiven Körperverletzung nur noch ein kurzer Weg. Physische Gewalt können sein: schlagen, festhalten, würgen, kneifen, beißen, anspucken, schubsen oder das Bein stellen. Übelkeit, Schlafstörungen, Panikattacken, Ängste etc. führen zu einer Beeinträchtigung des seelischen Wohlbefindens. Sie müssen ärztlich attestiert werden und reichen für eine Strafanzeige aus. Nicht selten sind verbotene Waffen bzw. Gegenstände im Spiel, wenn es darum geht, ein Bedrohungspotential aufzubauen. Das gesetzliche Führungsverbot in der Öffentlichkeit betrifft beispielsweise Butterflymesser, Springmesser auf Knopfdruck nach vorn oder seitlich, Schlagringe, Messer seitlich ausklappbar mit über 8,5 cm Klingenlänge, Messer zwei-

49 Axel Esser: Mobbing und psychische Gewalt am Arbeitsplatz. Arbeitshilfe Mobbing. Hrsg. von der Gewerkschaft der Polizei. 2009, www.gdp.de., eingesehen am 01.05.2019

seitig geschliffen, feststehende Klingen über 12 cm und Teleskopschlagstöcke. Bedrohungen mit Waffen sind strafverschärfend und müssen in einer Strafanzeige unbedingt benannt werden.

Bei Mobbinghandlungen muss vom Vorsatz des Täters ausgegangen werden. Letzten Endes prüft die Polizei bzw. die Staatsanwaltschaft, den Verdacht, welche Straftatbestände erfüllt sind.

Auch sexuelle Belästigungen und Nötigungen können bei beiden Geschlechtern vorkommen. Besonders Mädchen sind gefährdet, wenn sie Nacktfotos verschickt haben. Diese Aufnahmen können aber auch vom Handy gestohlen worden sein.

Wurden Betroffene und Täter getrennt (zum Beispiel eine Versetzung an eine andere Schule) und die Belästigungen gehen weiter, ergeben sich durch die Neufassung des »Stalking-Paragraphen« vom 10.03.2017 bessere Möglichkeiten der Gegenwehr, wenn die weiteren Nachstellungen des Täters geeignet sind, die Lebensgestaltung des Opfers schwerwiegend zu beeinträchtigen.

Die Perversität der Handlungen zeigt sich besonders daran, dass es Betroffenen sehr schwer fällt gegen die Täter vorzugehen. Wie will zum Beispiel das Opfer beweisen, dass es missachtet wird? Da es allein dasteht, wird sich auch kein Zeuge oder Fürsprecher finden, der die ausgrenzenden Handlungen bestätigt. Der/die Gescholtene läuft Gefahr, stattdessen eine weitere schmachvolle Stigmatisierung zu erfahren. Das »stumme Mobbing« (ignorieren, ausgrenzen, isolieren) für Dritte findet im Verborgenen statt und ist somit kaum greifbar. Strafanzeigen wegen Diebstählen und Beschädigungen werden zu großen Teilen ohne Ermittlungserfolg eingestellt. Beschwert sich der/die Betroffene bei Lehrern oder beim Schulleiter, steht er/sie als Anschwärzer da, der **deshalb** selbst daran schuld sei, wenn er aus der Gemeinschaft ausgeschlossen wird. Es ist ein Teufelskreis. Egal, was getan wird, es wird die eigene Lage meistens verschlimmern. Das ist leider primär die alleinige Lebensrealität.

Eine weitere Schattierung des Mobbings möchte ich offen und ungeschönt ansprechen: Im Zuge der Globalisierung kommen immer mehr Menschen aus vielen Ländern der Welt zusammen. Viele Schulen sehen eine wichtige inhaltliche Ausrichtung im Antirassismus. Sie sind allerdings bei weitem kein Garant dafür, dass Kinder wegen einer »falschen« Herkunft, Kultur oder Religion immer wieder gemobbt werden. Ausländerfeindlichkeit, aber auch Deutschenfeindlichkeit sind an vielen Schulen leider an der Tagesordnung. In Berlin wurde ein jüdischer Schüler von anderen Kindern und Jugendlichen aufgrund seiner Religion monatelang antisemitisch beleidigt, genötigt und geschlagen. »Ein Mitschüler soll ihm Zigarettenrauch ins Gesicht geblasen und dann gesagt haben, er solle an seine vergasten Vorfahren denken.«[50] Die Schule ist dagegen nicht bzw. völlig ungenügend vorgegangen. Erst als die Presse darüber berichtete, kam Bewegung in die Sache. Das Dunkelfeld für gleiche und ähnlich gelagerte Sachverhalte, ist nach meiner Überzeugung außerordentlich groß.

Leider verhalten sich auch einzelne Lehrer unsozial. Und deshalb können hier gezeigten Verhaltensweisen teilweise auch auf Lehrkräfte gegenüber Schülern zutreffen. Es wird zwar kein Lehrer heimlich den Fahrradreifen eines Schülers zerstechen, aber das Blamieren eines Schülers, in dem zum Beispiel Persönliches vor der Klasse bekannt gegeben wird, ist möglich. Den Schüler regelmäßig übergehen, wenn dieser sich meldet, seine Leistungen ungerecht bewerten, Mobbingprobleme zu ignorieren bzw. als »Wahnvorstellung« abzuqualifizieren, also Hilfe verweigern, treten leider ebenso auf. Der Phantasie bei den Mobbinghandlungen sind faktisch keine Grenzen gesetzt und zwischen Lehrern noch viel umfangreicher und dezidierter ausgeprägt.

---

50 Welt-online: Jüdischer Neuntklässler monatelang von Mitschülern gemobbt, vom 27.06.2018, https://www.welt.de/vermischtes/article178286096/Antisemitismus-in-Berlin-Juedischer-Neuntklaessler-monatelang-von-Mitschuelern-gemobbt.html, eingesehen am 27.06.2018

Zusammenfassung

1. **Angriffe gegen das Leistungsvermögen:**[51] Ein Schüler wird als besonders dumm hingestellt. Es geht ein Raunen durch die Klasse, wenn so ein Betroffener zu Wort kommt. Notwendiges Unterrichtsmaterial wird gestohlen oder heimlich »verlegt«. Mündliche Leistungen werden mit einem großen Gelächter quittiert. Lehrer benoten das Kind ungerecht. Eine notwendige Hilfestellung wird von Lehrern und Mitschülern verweigert.

2. **Destruktive Kritik:** Kritik wird vernichtend und erniedrigend angebracht. Ziel ist dabei, Selbstzweifel zu erhöhen. Konstruktive Kritik wird vermieden. Kritik wird in der Wir-Form ausgeübt. Damit maßt sich ein Täter an, für alle anderen Klassenmitglieder zu sprechen. Eine Verteidigung wird als unberechtigt und »nicht zurechnungsfähig« o. ä. diffamiert. Fehler des Opfers werden im Jagdmodus und Tunnelblick gesucht und übertrieben. Einzelne tatsächliche Fehler werden generalisiert und immer wieder bei jeder Gelegenheit vorgetragen.

3. **Angriffe gegen die soziale Integration:** Menschen wollen integriert und anerkannt sein. Das ist uns ein tiefes Grundbedürfnis. Um das zu verhindern, wird jede Meinungsäußerung unterdrückt, ebenso der Kontakt zu Mitschülern. Das Verbreiten von Gerüchten, ein demonstratives Schweigen beim Eintreffen des Mitschülers, das Ausschließen von notwendigen Informationen haben stets das gleiches Ziel: den Ausschluss aus dem Klassenverband. Übliche Anlässe, zum Beispiel das Gratulieren zum Geburtstag, werden »vergessen«. Beim Mittagessen wird demonstrativ aufgestanden, wenn sich der Schüler dazusetzen möchte.

4. **Angriffe gegen das soziale Ansehen:** Auch hier helfen Gerüchte. zum Beispiel wird kolportiert, jemand hätte eine stark ansteckende oder psychische Krankheit, z. B. Läuse durch eine mangelhafte Hygiene. Ein stinkender Käse oder verwestes Fleisch wird heimlich in die Schultasche hineingelegt. Der/die Betroffene wird im Beisein

---

51 Der folgende Text enthält Ausschnitte aus folgender Veröffentlichung: Axel Esser: Mobbing und psychische Gewalt, Arbeitshilfe Mobbing. Hrsg. von der Gewerkschaft der Polizei. 2009. Einzusehen unter www.gdp.de.

Dritter solange provoziert, bis eine starke emotionale Überreaktion erfolgt. Die liefert dann den »Beweis«, dass das Opfer nicht teamfähig sei und selbst an seiner Situation schuld wäre. Das Opfer erhält durch Mitschüler und Lehrer eine Sonderbehandlung.

5. **Angriffe gegen das Selbstwertgefühl:** Charakterliche oder leistungsmäßige Unsicherheiten werden immer wieder zielgerichtet angesprochen, um Ängste herbeizuführen bzw. zu vertiefen. Dazu werden diese Eigenschaften publik gemacht. Hierzu gehört auch ein herablassendes Lob bei der Lösung unterfordernder Aufgaben. Das beinhaltet auch die Versagung von Hilfestellungen bei der Überwindung von Lerndefiziten.

6. **Schreck, Angst und Ekel erzeugen:** Bei der Person wird Angst als Dauerzustand erzeugt. Panikreaktionen sollen hinzukommen. Persönliches Erschrecken, das Anschreien ohne Grund, das Ausnutzen von bekannten Phobien (zum Beispiel Angst vor Spinnen) gehören dazu. Diese Attacken werden zum Anlass genommen, jemanden einen Psychiater oder Psychologen zu empfehlen, da die Person »nicht normal« sei.

7. **Angriffe gegen das Privatleben:** Der/die Betroffene soll sich nirgends mehr sicher fühlen. Telefonterror und anderer Cybermobbing bis hin zu Sachbeschädigungen und Diebstählen kommen vor.

8. **Angriffe gegen die Gesundheit und die körperliche Unversehrtheit:** Als Missgeschick getarnte körperliche Angriffe, sexuelle Belästigung, sexuelle Handgreiflichkeiten und Anzüglichkeiten werden initiiert. Essen und Getränke werden manipuliert. Aufforderung zum Suizid: »Bring Dich um Alter, Du bist nicht lebenswert!«

9. **Unterlassene Hilfeleistung:** Lehrer, Erzieher und andere Erwachsene weisen den Hilfesuchenden ab. Dem Betroffenen wird selbst die Verantwortung für das erfolgte Mobbing zugeteilt. Die Pyramide des Versagens kann bis zur Schulaufsicht gehen. Ziehen am Ende alle an einem Strang, muss man von »Systemmobbing« sprechen.

2.5 Kein Einzelfall bei Amoktaten: Motiv Mobbing

Was haben Amokläufe mit Mobbing zu tun? Nach diesen schrecklichen Taten lesen, hören und sehen wir immer viel von den immer selben Experten und Politikern, die alles Mögliche für solche furchtbaren Entgleisungen verantwortlich machen. Da wird eine Affinität zu Waffen benannt, selbstverständlich auch Videogewaltspiele, die regelmäßig angeführt werden. Dann wären noch Depressionen schuld, dabei sind viele Depressionen durch das Umfeld verhaltensbedingt. Inhaber von Waffenbesitzkarten und begeisterte Videospieler begehen auch nicht mehr Straftaten als die sogenannten Normalen. Depressive Menschen sogar deutlich weniger, denn sie töten sich höchstens selbst, was allerdings neben der Tragik keine Straftat darstellt.

Kann ein Amoklauf etwas mit Mobbing zu tun haben? Selbstverständlich!

Forscher im Teilprojekt des TARGET-Forschungsnetzwerks analysierten 37 Studien zu insgesamt 126 Angriffen mit einer Schusswaffe in 13 Ländern (USA, Kanada, Deutschland, Finnland, Brasilien, Argentinien, Australien, Bosnien, Griechenland, Ungarn, Niederlande, Schweden und Thailand). Dabei waren bei 30 Prozent aller Täter das Motiv Mobbing.[52]

Es sind gerade die zurückgezogenen unauffälligen Mitschüler, die im Einzelfall zu solchen Massenmorden fähig sind, wenn die Seele explodiert und die angespannten Gewaltfantasien eine Abrechnung fordern. Dann will die über Jahre angestaute Energie in den tragischen Fluss kommen und eine mörderische Kraftentfaltung kann das Ergebnis sein. Die Entladung des Hasses und der Wut ist dann nicht mehr aufzuhalten. Die meisten Amoktäter lassen sich bereitwillig durch die Polizei erschießen (Suicide by cop, Suizid durch Polizisten) oder richten sich in einem Finale selbst.
Amoktäter senden im Vorfeld immer Signale aus, dass mit ihnen etwas

52 Freie Universität Berlin, Konflikte mit Lehrern sind ein Risikofaktor für Schießereien in der Schule, № 299/2014 vom 27. 08. 2014, https://www.fu-berlin.de/en/presse/informationen/fup/2014/fup_14_299-target-forschung-amok-school-shooting/index.html, eingesehen am 01.11.2019

nicht stimmt. Dort, wo jedoch die Ellenbogenmentalität des Stärkeren herrscht, sind die Chancen gering, dass er in der bestehenden seelischen Not als Mobbingopfer erhört wird.

Die Tat wird dem Mobbingopfer die Anerkennung und vor allem eine Wahrnehmung geben, die er so sehnlichst vermisst hat, vor allem wenn der Amoklauf noch zusätzlich live im Internet übertragen wird.

Schüler, die sich stark zurückziehen oder ihr Verhalten auffällig ändern, müssen eine positive Aufmerksamkeit und Zuwendung bekommen, um das Abgleiten in den Tätermodus, der selbstverständlich nicht immer mit einem Amoklauf einhergeht, zu verhindern. Viele andere Täterfacetten sind ebenso möglich. Ggf. muss präventiv der Schulsozialarbeiter, der Schulpsychologe oder eine andere Vertrauensperson hinzugezogen werden, um die individuelle Situation auszuloten. Das erfordert sehr viel Fingerspitzengefühl und Erfahrung. Die Gradwanderung zwischen falschen Anschuldigungen, die gerade bei Mobbingopfern katastrophale Auswirkungen haben und unterlassener Hilfeleistung kann sehr gering sein. Bei einem begründeten Verdacht, zum Beispiel durch abgesetzte Nachrichten im Internet, Äußerungen gegenüber Dritten etc., muss in jedem Fall die Polizei eingeschaltet werden.

Amoklagen wurden aufgrund des zunehmenden Problems an den Schulen verstärkt trainiert. Währenddessen früher auf die Spezialkräfte gewartet wurde, muss sich jetzt die zuerst eintreffende Funkstreifenwagenbesatzung in die Schule begeben, um den Täter festzusetzen und dingfest zu machen. Erst danach wird man sich den Verletzten zuwenden (können). Klug ist die Schule beraten, die über aktuelle Amokpläne verfügt, die mit der Polizei abgesprochen sind. Dazu gehören auch das Alarmtraining und einfühlsame Gespräche mit den Schülern, die keine Panik oder Ängste verbreiten. Das weit verbreitete Ignorieren ist der falsche Weg.

Handlungsempfehlung bei einem Amoklauf an einer Schule

»Bei einer Amoktat in der Schule sollten Schulklassen die Tür des Klassenzimmers von innen sofort verschließen und verbarrikadieren (Schrank, Tische, Lehrertisch davorstellen). Die Tür darf auf keinen Fall geöffnet werden. Den Fensterblick meiden, besser verdunkeln, Handys auf stumm stellen, um nicht durch ein Telefonklingeln im Zimmer aufzufallen. Amoktäter töten jeden, den sie schnell erledigen können. Deshalb werden sie sich in der Regel nicht die Mühe machen, Zimmer aufzubrechen – es sei denn, bestimmte Personen werden zielgerichtet gesucht. Gelingt es einem Täter trotzdem, das Zimmer zu betreten, dann muss der Lehrer das Kommando geben: Alle auf den Täter! Es klingt im ersten Moment brutal und das ist es auch, aber lieber zwei Schwerverletzte als 15 tote Schüler, die daliegen und sich wehrlos und passiv erschießen lassen! Schüler, die es nicht schaffen, in den Klassenraum zurückzukommen, müssen sich entweder im Schulgebäude verstecken oder besser von einem Versteck zum anderen Richtung Ausgang bewegen. So hart es klingt, Verletzte sind liegen zu lassen. Niemand hat etwas davon, wenn man diesen helfen will, aber dabei für den Täter ein leichtes Ziel abgibt.«[53]

Klassenräume dürfen von außen, zum Beispiel durch Glastüren oder Seitenverkleidungen aus Glas o. ä., wie ich es bei modernen Schulbauten gesehen habe, nicht einsehbar sein.

53 Steffen Meltzer: Ratgeber Gefahrenabwehr: So schützen Sie sich vor Kriminalität - Ein Polizeitrainer klärt auf, Auszug aus dem Kapitel: Überleben bei einem Amoklauf - – Verhalten von Schulklassen, Seite 79, Ehrenverlag, 2. Auflage, November 2018, https://www.steffen-meltzer.de/produkt/ratgeber-gefahrenabwehr-schuetzen-sie-sich-vor-kriminalitaet-ein-polizeitrainer-klaert-auf/, eingesehen am 29.01.2020

3

Straf- und zivilrechtliche Verantwortungen

3.1 Straftatbestände durch Mobbinghandlungen

Die Gesetzgebung ist diesbezüglich in Frankreich deutlich fortgeschrittener, als hierzulande. Im Nachbarland reicht es als Beweis aus, Mobbingtatsachen glaubhaft darzulegen, den Gegenbeweis muss dann die Gegenseite antreten.

Wie bereits angeführt, ist Mobbing in Deutschland bedauerlicherweise kein eigener Rechtsbegriff, enthält aber eine Vielfalt von einzelnen Straftaten, die unbedingt zur Strafanzeige gebracht werden sollten. Dann werden sich die Täter mehrfach überlegen, ob sie ihre Handlungen gegenüber dem Betroffenen fortsetzen. Die konkreten Tatbestände finden Sie im Strafgesetzbuch, die Sie im Internet[54] abrufen können. Bei bestimmten Delikten, wie die einfache Körperverletzung, muss zusätzlich ein Strafantrag gestellt werden. Hier erfolgt keine abschließende, aber eine relevante Auflistung mit einigen Beispielen:

- **Beleidigung**, z. B.: jemanden mit einer Fäkaliensprache titulieren, § 185 StGB, (Geldstrafe oder Freiheitsstrafe bis zu einem Jahr)

- **Üble Nachrede**, z. B.: »Anna hat man gestern beim Schuhe Klauen erwischt«, ehrenrührige Tatsache gegenüber Dritten behaupten, ohne genau zu wissen, ob das wahr ist oder nicht, § 186 StGB, (Geldstrafe oder Freiheitsstrafe bis zu einem Jahr)

- **Verleumdung**, z. B.: »Anna hat man gestern beim Schuhe klauen erwischt«, ehrenrührige Tatsache gegenüber Dritten behaupten und genau zu wissen, dass Anna keine Schuhe gestohlen hat, § 187 StGB, (Geldstrafe oder Freiheitsstrafe bis zu zwei Jahren)

- **Nötigung**, z. B.: jemanden in einen Raum einsperren und nicht auf die Toilette lassen, § 240 StGB, (Geldstrafe oder Freiheitsstrafe bis zu fünf Jahren in besonders schweren Fällen)

---

54 gesetze-im internet.de: Bundesministerium für Justiz und Verbraucherschutz, Strafgesetzbuch (StGB), https://www.gesetze-im-internet.de/stgb/BJNR001270871.html

- **Körperverletzung**, z. B.: schlagen, treten, stoßen, §§ 223 StGB ff.

- **Bedrohung**, z. B.: »Ich werde dich töten!«, § 241 StGB, (Freiheitsstrafe bis zu einem Jahr)

- **Erpressung**, z. B.: Geld abziehen, § 253 StGB, (Geldstrafe oder Freiheitsstrafe bis zu fünf Jahren)

- **Diebstahl**, z. B.: Federtasche verschwinden lassen, § 242 StGB

- **Sachbeschädigung**, z. B.: Fahrradreifen zerstechen, § 303 StGB

- **Verletzung der Vertraulichkeit des Wortes**, z. B.: Telefongespräche mitschneiden und weiterverbreiten, Telefongespräche von Dritten über Lautsprecher mithören lassen, mit App auf Smartphone Gespräche heimlich aufnehmen, § 201 StGB, (Geldstrafe oder Freiheitsstrafe bis zu drei Jahren)

- **Verletzung des Rechtes am eigenen Bild**, z. B.: heimlich aufgenommene Fotos weiterverbreiten, § 33 KunstUrhG, (Geldstrafe oder Freiheitsstrafe bis zu einem Jahr, Achtung Privatklagedelikt)[55]

- **Nachstellung**, primär durch Annäherung an das Opfer, in dessen Lebensbereich eindringen und Handlungs- und Entschließungsfreiheit beeinträchtigen, § 238 StGB

- **Verletzung des Briefgeheimnisses**, z. B.: verschlossenes Schriftstück unbefugt öffnen oder öffnen und lesen, § 202 StGB, (Ahndung mit Geldstrafe oder Freiheitsstrafe bis zu einem Jahr)

- **Ausspähen von Daten**, z. B.: Würmer, Trojanische Pferde, Viren schicken, Hackerangriffe, § 202 a StGB, (Ahndung mit Geldstrafe oder Freiheitsstrafe bis zu drei Jahren)

---

55 Verneint die Staatsanwaltschaft ein öffentliches Interesse und verzichtet auf die weitere Strafverfolgung verweist sie den Anzeigenerstatter oftmals auf den Privatklageweg. Diese kann dann persönlich den Klageweg beschreiten, trägt aber dabei das gesamte Prozessrisiko. Ungeachtet dessen ist die Polizei verpflichtet, auch sogenannte Privatklagedelikte von Amtswegen aufzunehmen. Allein die Erstattung einer Strafanzeige hinterlässt bei manchen Tatverdächtigen Wirkung.

- **Sexualstraftaten**: Sexueller Übergriff; sexuelle Nötigung; Vergewaltigung, § 177 ff, (inklusive Strafrechtsreform »Nein-heißt-Nein« § 177 Abs. 1 StGB), z. B.: festhalten und betatschen, mit Finger in Scheide eindringen,

3.2 Das große Erwachen: Schmerzensgeld- und strafrechtliche Sanktionen

Im Jahr 2018 erfasste die Polizei[56] in Deutschland über 70.000 tatverdächtige Kinder, meistens ging es dabei um Ladendiebstähle. Damit ist klar, dass nur ein verschwindend geringer Teil der tatsächlich begangenen Straftaten in der Polizeilichen Kriminalstatistik (PKS) erfasst wurde. Kinder können immer als Zeugen vernommen werden, wobei es darauf ankommt, welche Verstandesreife sie besitzen. Allerdings ist niemand verpflichtet, vor der Polizei als Zeuge auszusagen. Falls Minderjährige vernommen werden sollen, muss ein Erziehungsberechtigter mit dabei sein. Vor Gericht und der Staatsanwaltschaft sind Zeugen (von Ausnahmen abgesehen) verpflichtet auszusagen. Kinder und Jugendliche unter 16 Jahren werden vom Richter lediglich nicht vereidigt.

Kinder bis zum vollendeten siebenten Lebensjahr sind in Deutschland weder straf- noch zivilrechtlich für ihre Taten verantwortlich. Selbst wenn das Mindestalter zur Strafmündigkeit noch nicht erreicht ist, werden durch die Ermittler alle strafprozessualen Maßnahmen durchgeführt, welche die Polizei als notwendig und verhältnismäßig erachtet. Das kann beispielsweise bis zur Durchsuchung des Kinderzimmers und des dort stationierten PC gehen.

Ab dem vollendeten 14. Lebensjahr liegt eine strafrechtliche Verantwortlichkeit vor. Dieser Punkt ist bei Kindern und Jugendlichen meistens sehr gut bekannt. Im Jugendstrafrecht (Jugendgerichtsgesetz (JGG)) steht der Erziehungsgedanke im Vordergrund. Es kommt auf die geistige und sittliche Entwicklungsreife an. War der Jugendliche in der Lage,

---

56 Polizeiliche Kriminalstatistik des BKA, Auswertung für das Jahr 2018

das Unrecht seiner Handlung zu begreifen? Ausgesprochene Sanktionen können eine Verwarnung, Auflagen (z.B. Arbeitsstunden) oder ein Jugendarrest (Kurz- und Dauerarrest bis vier Wochen) sein. Die maximale Freiheitsstrafe liegt bei zehn Jahren, bei Mord sind bis 15 Jahre möglich. Bei den 18- bis 21-Jährigen spricht man von »Heranwachsenden«, bei denen die Persönlichkeitsreife entscheidend für eine Verurteilung ist. Verhandlungen finden vor Jugendgerichten und Jugendstaatsanwälten unter dem Ausschluss der Öffentlichkeit statt. Wurden Auflagen etc. ausgesprochen, hilft die Jugendgerichtshilfe bei deren Überwachung.

Betroffenen stehen nach dem Opferentschädigungsgesetz Leistungen zu. Allerdings ist immer wieder zu vernehmen, wie schwierig es ist, tatsächliche Ansprüche nach dieser Vorschrift einzufordern. Dabei ist ein guter Rechtsanwalt sehr hilfreich. Möglich ist auch der sogenannte Täter-Opfer-Ausgleich. Dieser dient der Konfliktbewältigung. Täter und Opfer setzen sich außerhalb des Verfahrens an einen Tisch.

Besonders groß war die Überraschung, wenn ich an Schulen Kinder danach befragte, ab welchem Alter eine zivilrechtliche Verantwortlichkeit in Deutschland möglich ist. Die regelmäßigen Antworten lauteten zwischen 14 und 21 Jahren. Tatsächlich lautet die Antwort ab Vollendung des siebenten Lebensjahres (außer bei Verkehrsunfällen ab Vollendung des 10. Lebensjahres).

Die Verantwortlichkeit würde greifen, wenn der oder die Kinder bei der Begehung der schädigenden Handlungen die zur Erkenntnis der Verantwortlichkeit erforderliche geistige Einsicht hatten. Das dürfte zum Beispiel bei Sachbeschädigungen oder vielen Köperverletzungsdelikten der Fall sein. Näheres wäre dem Einzelfall nach zu prüfen. Der damit zu erwirkende mögliche Schuldtitel hat nach § 197 BGB[57] in Deutschland 30 Jahre Rechtskraft, sodass auch bei Langzeitstudenten die Chance groß ist, den Schaden eines Tages ersetzt zu bekommen.

Um als Geschädigter sein Geld zu erhalten, ist Voraussetzung, dass der Täter irgendwann einmal innerhalb der nächsten 30 Jahre über ein ei-

57 Bürgerliches Gesetzbuch (BGB), § 197 Dreißigjährige Verjährungsfrist

genes Einkommen verfügt, das den Selbstbehalt übersteigt. Wurde der Schaden durch mehrere Kinder oder Jugendliche (Mittäter, Beteiligte) verursacht, haften alle (§ 830 BGB).[58] Dann bezahlt derjenige als erstes, der später über ein eigenes ausreichendes Einkommen verfügt. Das soll nicht Problem des Opfers sein, denn der Schadensverursacher darf sich dann das anteilmäßige Geld bei seinen einstigen Mittätern organisieren. In besonderen Fällen sollte man sich auch die Eltern genauer anschauen. Diese können sich durchaus wegen Verletzung der Erziehungs- und Aufsichtspflicht strafbar gemacht haben, zum Beispiel, wenn ein krimineller Lebenswandel dauerhaft geduldet oder gefördert wird. »Eltern haften für ihre Kinder«, wird dagegen bei einmaligen Straftaten eher nicht zutreffen, es sei denn, der Vater steht unmittelbar tatenlos daneben, wenn sein Sohn Nachbars Auto mutwillig beschädigt. Ansonsten ist es niemanden zuzumuten, zum Beispiel einen 13-Jährigen rund um die Uhr zu beaufsichtigen, das wäre auch völlig realitätsfern. Etwas anders sieht die Lage aus, wenn der Heranwachsende als gewalttätig aufgefallen ist und die Eltern diesem zum Geburtstag eine Schreckschusspistole schenken, mit dem der Sohn danach weitere Straftaten begeht.

Wenn Kinder prügeln, stehlen oder Tiere quälen, kann es sich um ein erlerntes Verhalten aus dem Elternhaus handeln. Denn auch in Familien wird gemobbt. Die Strukturen in Klassenverbänden, die Mobbing begünstigen, sind auch im Familienverband denkbar, in dem so manches Kind das schwarze Schaf ist. Prügelt das Kind, weil ihm zu Hause so vermittelt wird, dass man Konflikte mit Gewalt und Niedertracht löst? Herrschen dort Häme, Machtgebaren und Bestrafungen vor? Kommt der Bully selbst mit einem blauen Auge zur Schule? Dann ist dringend geboten, die Eltern zum Gespräch in die Schule einzuladen. Kommen dieser der Aufforderung nicht nach, ist die Kindeswohlgefährdung zu prüfen, ein Aktenvermerk zu fertigen und dem Jugendamt/ der Jugendhilfe eine Mitteilung zu machen. Diese Behörde ist verpflichtet, dem Verdacht nachzugehen. Wie wir wissen, sind viele Jugendämter leider personell total überfordert bzw. lagern ihre Fälle an externe Einrichtungen aus, die oftmals aus Gründen der sparsamen Bezahlung junge Sozialarbei-

58 Bürgerliches Gesetzbuch (BGB), § 830 Mittäter und Beteiligte: (1) Haben mehrere durch eine gemeinschaftlich begangene unerlaubte Handlung einen Schaden verursacht, so ist jeder für den Schaden verantwortlich. Das Gleiche gilt, wenn sich nicht ermitteln lässt, wer von mehreren Beteiligten den Schaden durch seine Handlung verursacht hat. (2) Anstifter und Gehilfen stehen Mittätern gleich.

terrinnen einstellen, die über keine Berufserfahrung verfügen. Diese freien Träger bekommen aber nur so lange Geld, wie die Kinder in den Problemfamilien bleiben. Werden die Kinder durch das Jugendamt doch noch aus der Familie genommen, muss der Träger finanzielle Einbußen hinnehmen. Daran hat dieser kein Interesse. Hier liegt eine Antwort darin, warum immer wieder Kinder jahrelang misshandelt werden, sogar sterben, obwohl die Familie »betreut« wurde.

Skandinavische Länder zeigen dagegen, wie es gehen könnte, wenn nur das Gemeinwesen in Deutschland gewillt wäre, mehr Geld und Personal in die Hand zu nehmen. Um das Wohl der Kinder kümmern sich im Verhältnis zu Deutschland deutlich mehr Mitarbeiter. In den Kindergärten betreuen Erzieherinnen und Erzieher viel weniger Kinder pro Gruppe. Anlernkräfte wie hierzulande teilweise vorhanden, wird man dort nicht vorfinden, stattdessen primär Erzieherinnen mit Hochschulabschluss und besserer Bezahlung.

Man muss es deutlich sagen, viele Missbrauchsfälle fallen in unserem Land deshalb durch alle Kontrollinstanzen. Viele Opfer bleiben Opfer, manche werden zum Täter, um den eigenen Schmerz zu betäuben. Manchmal bleibt nichts anderes übrig, als bei der Polizei Strafanzeige zu erstatten. Ich selbst sah mich einmal veranlasst eine Mutter von Amtswegen anzuzeigen, weil mir bei einer Antigewaltveranstaltung in einer Schulklasse ein Junge immer wieder berichtete, dass er von seiner Mutter geschlagen wurde. Ich konnte und wollte dabei nicht weghören, wie es leider immer noch allzu gegenwärtig üblich ist.

Noch eine Besonderheit in der deutschen Gesetzgebung:

Über eine deutliche Besserstellung verfügen auch diejenigen, die sich bei andauernden Belästigungen auf das »Allgemeine Gleichbehandlungsgesetz« (AGG)[59] berufen können. § 3 (3) stellt fest:

Eine Belästigung ist eine Benachteiligung, wenn unerwünschte Verhaltensweisen, die mit einem in § 1 genannten Grund in Zusammenhang stehen, bezwecken oder bewirken, dass die Würde der betreffenden Person verletzt und ein von Einschüchterungen, Anfeindungen, Erniedrigungen, Entwürdigungen oder Beleidigungen gekennzeichnetes Umfeld geschaffen wird.

Jedoch ist der Personenkreis eingeschränkt, darauf können sich gemäß § 1 AGG nur Personen berufen, die aus »Gründen der Rasse oder wegen der ethnischen Herkunft, des Geschlechts, der Religion oder Weltanschauung, einer Behinderung, des Alters oder der sexuellen Identität belästigt, d. h. gemobbt werden.

Das Gesetz legt konsequent die Pflichten von Arbeitgebern fest, um Benachteiligungen zu verhindern. Der Arbeitnehmer hat das Leistungsverweigerungsrecht bei Belästigungen (Mobbing), bis hin zu Schadensersatzansprüchen. Im AGG greift auch die Beweislastumkehr, wenn das Opfer entsprechende Indizien glaubhaft vorweisen kann.

Für den Rechtsschutz anderer Menschen, die nicht aus bereits genannten Gründen belästigt werden, besteht kein Rechtsschutz durch den Gesetzgeber. Eine Gesetzeslücke, die auch nicht von unterschiedlichen Urteilen verschiedener Gerichte geheilt werden kann.

---

59 Antidiskriminierungsstelle des Bundes, Allgemeines Gleichbehandlungsgesetz (AGG), https://www.antidiskriminierungsstelle.de/SharedDocs/Downloads/DE/publikationen/AGG/agg_gleichbehandlungsgesetz.pdf?__blob=publicationFile, eingesehen am 29.12.2019

Generell und unabhängig vom Spezialgesetz des AGG fasst der Erfurter Arbeitsrichter Dr. Peter Wickler[60] folgende zivilrechtlichen Möglichkeiten zusammen:

- »**Unterlassungsanspruch**: §§ 12, 862, 1004 BGB«

- »**Schadenersatzanspruch**: § 823 ff. BGB (Ansprüche aus unerlaubter Handlung), hierbei insbesondere § 823 Abs. 1 BGB i. V. m. Art. 1 Abs. 1, Art. 2 Abs. 1 GG (sog. allgemeines Persönlichkeitsrecht), § 280 (Anspruch aus schuldrechtlicher Pflichtverletzung) i. V. m. § 241 Abs. 2 BGB (Verletzung der Schutz- und Fürsorgepflicht des Arbeitgebers zur Verhinderung mobbingbedingter Persönlichkeitsrechtsverletzungen); beamtenrechtlicher Schadenersatzanspruch (z.B. § 78 BBG Fürsorgepflichtverletzung des Dienstherrn, ausführlich Schwan, ‚Mobbing und Fürsorgepflicht im Beamtenverhältnis', Thüringer Verwaltungsblätter 2006, S. 29; OVG NRW 12.12.2013, 1 A 71/11)«

- »**Schmerzensgeldanspruch**: § 823 BGB bzw. § 280 BGB jeweils i. V. m. § 253 Abs. 2 BGB (bei mobbingbedingter Gesundheitsverletzung)«

- »**Geldentschädigungsanspruch**: § 823 Abs. 1 BGB i. V. m. Art. 1 Abs. 1, Art. 2 Abs. 1 GG bei mobbingbedingter Persönlichkeitsrechtsverletzung; im Unterschied zum Schmerzensgeldanspruch sind Präventions- und Genugtuungsgesichtspunkte maßgeblich (hierzu: BVerfG 8.3.2000, NJW 2000 S. 2187; BGH 5.12.1995, NJW 1996 S. 985; Wickler, ‚Ausgleich von immateriellen Schäden bei mobbingbedingten Persönlichkeits- und Gesundheitsverletzungen', in Arbeit und Recht 2004 S. 87 ff.; Hervorhebung dieses in der Instanzrechtsprechung teilweise nicht beachteten Unterschieds zuletzt auch beim BAG 15.9.2016, 8 AZR 351/15 und 18.5.2017, 8 AZR 74/16)«

---

60 DEUTSCHER BUNDESTAG, Ausschuss für Arbeit und Soziales 24. Januar 2020, Ausschussdrucksache 19(11)545neu, Peter Wickler, S. 40 bis 44, vom 24.01.20, Schriftliche Stellungnahme zur öffentlichen Anhörung von Sachverständigen in Berlin am 27. Januar 2020 zum a) Antrag der Abgeordneten Jutta Krellmann, etc. DIE LINKE. Betroffene von Mobbing im Arbeitsleben besser schützen – BT-Drucksache 19/16480, b) Antrag der Abgeordneten Beate Müller-Gemmeke, Katja Keul, Anja Hajduk, weiterer Abgeordneter und der Fraktion BÜNDNIS 90/DIE GRÜNEN, Beschäftigte vor Mobbing am Arbeitsplatz schützen – BT-Drucksache 19/6128, eingesehen am 09.02.20

- Beamte: »(...) mobbingbedingten **Schadenersatzanspruch** aus Verletzung der beamtenrechtlichen Fürsorgepflicht (z. B. § 78 BBG) oder auf Amtshaftung (§ 839 BGB, Art. 34 GG)«

Zu beachten ist, es gibt bei diesen Ansprüchen keine Beweislastumkehr (außer AGG), der Klagende muss alle Beweise objektiv erbringen. Bei Behörden richtet sich der Anspruch immer gegen den Arbeitgeber, denn Kollegen und Vorgesetzte die mobben, tun das »hoheitlich«. Cybermobbing findet dagegen in der Freizeit statt, hier ist konkret gegen den Mobber schadensersatzpflichtig und strafrechtlich vorzugehen. Weitere Hinweise und Angaben zu den rechtlichen Möglichkeiten der Gegenwehr finden Sie in den Kapiteln 6.3 und 6.4 ab Seite 91.

4

Mobbing – nicht nur Schüler gegen Schüler

4.1 Mobbende Lehrer

Hoppla Lehrer, die mobben? Ja natürlich. Neben den vielen guten und sehr engagierten Pädagogen befinden sich leider auch – wie in jedem Berufszweig – einige schwarze Schafe darunter. Dass sich Lehrkräfte untereinander bekämpfen, schikanieren und ruinieren, ist eine seit langem bekannte Tatsache. Aber auch gegenüber Schülern? Ich glaube, wir haben auf unserem Entwicklungsweg alle Erzieher, Lehrer, Ausbilder oder Dozenten kennengelernt, bei denen wir den Eindruck der Voreingenommenheit oder des ungerechten Handelns hatten. Das hatte aber nichts mit Mobbing zu tun. Nehmen die erwähnten Handlungen jedoch eine Regelmäßigkeit an, muss man sehr wohl von Mobbing sprechen. Die Gründe für das Lehrerverhalten können sehr vielfältig sein: Bequemlichkeit, Unfähigkeit, mit dem Problem in der Klasse umzugehen, eigener Frust und die Intuition, diesen an einem Schüler abzubauen, die Verinnerlichung eines alten Weltbildes, nach dem Kinder Untertanen und ohne eigenen Rechte sind. Oder auch, weil man die Eltern nicht mag. Eine weitere konkrete Gefahr besteht darin, dass sich eine Rabaukenklasse und eine überforderte Lehrerin solidarisieren, da man mit einem gemeinsam auserkorenen »Klassentrottel« viele Unzulänglichkeiten in der eigenen Klassenleitung übertünchen kann.

Zusammenfassend aus den vorherigen Zeilen im Buch: Die häufigste Form des Mobbings wird ein abschätziger Umgang mit dem Schüler sein, die Nichtanerkennung seiner Leistungen, das Vermeiden einer gezielten Förderung und die unterlassene Hilfestellung für das Klassenopfer. Stattdessen wird der Schüler bloßgestellt, werden Witze erzählt, Persönliches kundgetan oder wiederholt wegen Nichtigkeiten Kritik angebracht. Sollte es einmal tatsächlich zu einem Fehlverhalten des Betroffenen kommen, dann werden die Sanktionen völlig unverhältnismäßig hart ausfallen. Man kann sich vorstellen, was das mit einem Schüler macht, die Auswirkungen sind verheerend.

4.2 Mobbing durch Schüler gegen Lehrer

Über den Schulalltag und seine defizitären Bedingungen hatte ich mich schon geäußert. Vielen Lehrern graut es vor dem Schulalltag. Im Jahr 2018 wurden allein in Nordrein-Westfalen 263 Lehrer Opfer von körperlichen Gewaltattacken durch Schüler gemeldet.[61] Die Hälfte der Schulleiter gab an, dass es in den letzten fünf Jahren Fälle von psychischer Gewalt, wie Bedrohen und Beleidigen, gegen Lehrer gegeben habe. In Niedersachsen sehen die Zahlen noch dramatischer aus: »2018 wurden 322 Pädagogen Opfer von Straftaten, 2017 waren es noch 229. Die Zahl der Betroffenen stieg damit um gut 40 Prozent. Allein 190 Lehrer wurden körperlich attackiert, diese Zahl lag 2017 noch bei 130.[62] Ein anderes Problem sind Plattformen im Internet, in denen anonym gegen Lehrer gehetzt werden kann. »Spickmich« oder »Schulradar« musste aufgrund dessen bereits geschlossen werden. Deshalb sind Bewertungsportale in diesem Zusammenhang sehr kritisch zu sehen. In Görlitz wurde eine Instagramseite dazu genutzt, einem Lehrer sexuelle Handlungen zu unterstellen. Sogar das Schulverwaltungsamt musste sich einschalten, um den Lehrer zu entlasten.[63]

Neben den pädagogischen Möglichkeiten dagegen vorzugehen, müssen bei dem Beispiel des letztgenannten Falles unbedingt strafrechtliche Maßnahmen eingeleitet werden. Es ist Strafanzeige zu erstatten, die Polizei tut gut daran, strafprozessuale Maßnahmen, auch zur Abschreckung von Nachahmungstätern, konsequent durchzuführen. Prävention durch eine Sensibilisierung des Themas für Lehrer und Schüler ist nur die eine Seite der Medaille, die andere sind repressive Maßnahmen als Gegenteil einer mancherorts immer noch anzutreffenden unverhältnismäßigen Kuschelpädagogik. Eine weitere Gefahr für Lehrer, durch Kollegen gemobbt zu werden, lesen Sie ausführlich anhand eines konkreten Beispiels im Kapitel 8.1 ab der Seite 122.

---

61 Aachener-Zeitung, Über 20.000 Straftaten an Schulen in einem Jahr, vom 04.09.2019, https://www.aachener-zeitung.de/nrw-region/ueber-20000-straftaten-an-schulen-in-einem-jahr_aid-45585211, eingesehen am 24.09.2019

62 NDR, Gewalt gegen Lehrer nimmt deutlich zu, vom 23.09.2019, https://www.ndr.de/nachrichten/niedersachsen/Gewalt-gegen-Lehrer-nimmt-deutlich-zu,lehrer798.html, eingesehen am 24.09.2019

63 TAG24, ÜBEL GEMOBBT VON SCHÜLERN IM INTERNET: WER SCHÜTZT UNSERE LEHRER VOR VERLEUMDUNG? Vom 24.11.2019, https://www.tag24.de/nachrichten/sachsen-uebel-gemobbt-von-schuelern-im-internet-wer-schuetzt-unsere-lehrer-vor-verleumdung-1298089, eingesehen am 26.11.2019

4.3 Der Staat im Staate: Systemmobbing

Was versteht man unter »Systemmobbing« (bzw. dem System Mobbing)? Dieser Ausdruck wurde, wie bereits angeführt, von Prof. Dieter Zapf geprägt. Zur Erörterung folgendes Beispiel:

Ein Schüler wird innerhalb derselben Schule aufgrund von Mobbing in die Parallelklasse versetzt. Bevor der Betroffene in die Klasse kommt, werden die dortigen Schüler auf den Neuankömmling eingestimmt. Das fällt relativ leicht, da sich die Schüler in den Klassenstufen untereinander kennen. Auch die Mobber haben Bekannte in der neuen Klasse des Betroffenen. Die Lehrerin hat leichtes Spiel, um auf einige »Besonderheiten« des hinzukommenden Schülers einzugehen. Zum Beispiel ist er nicht leistungsstark und im Sport eine Niete. Auch sei er sehr zurückgezogen und wenig kontaktfreudig. Darüber hinaus beklagt er sich gern und man möchte doch ein wenig aufpassen, was man in seiner Gegenwart äußert.

Das Motto für den neuen Schüler war: »Du hast keine Chance, also nutze sie!«. Erwartungsgemäß ereilte dem so Angekündigten das gleiche Schicksal wie in seiner alten Klasse. Die Versuche, beim Schulleiter oder dem Schulamt eine tatsächliche Lösung herbeizuführen, scheiterten. Jemanden zu mobben, aber zur Vertuschung der eigenen Fehler und Unfähigkeit nicht aus der Organisation zu nehmen, (hier der Schule), ist die Höchstform der Menschenverachtung und kann schnell tödlich enden. Nicht nur für den Betroffenen (siehe auch das Kapital 2.5 ab Seite 52). Am Ende kann, wie so oft, nur noch ein Rechtsanwalt versuchen, das Problem zu lösen.

»Das einzige, was für den Triumph des Bösen notwendig ist, besteht darin, dass gute Menschen nichts tun.«[64] Wenn alle beteiligten Mitschüler, Lehrer und Erzieher, Schulleiter und die übergeordnete Schulbehörde zusammenspielen, weil jeder aus der unterschiedlichsten Motivation heraus die Problemlösung vermeidet, dann spricht man von einem Systemmobbing.

---

64 Edmund Burke, britischer Politiker und Publizist, *12.01.1729 bis †09.07.1797

Ein System im System ist entstanden. Man wird es nirgends nachlesen können. Es gibt keine gibt Haus- oder Schulordnung oder Dienstvereinbarung, in der dieses System beschrieben ist.

Mit »System« ist also keineswegs ein Staat, gar die EU oder ein Rechtssystem gemeint. Gemeint ist vielmehr der subjektive Faktor Mensch. Ein Subsystem im System ist geboren, das sich verselbstständigt hat.

Straffe Hierarchien begünstigen diese unerwünschte Systemmissgeburt. Es ist eine eigenständige Parallelwelt, die Menschen vorbei an Recht und Gesetz zerstört. Aber auch nur, wenn niemand eingreift und es laufen lässt. Nach außen hin funktionieren alle, dabei verlieren zum Schluss alle: Menschen, die Organisation und die Gesellschaft. Alle ziehen an einem Strang innerhalb einer festgelegten Hierarchie, da früher oder später jeder beteiligt ist und etwas zu verbergen hat.

Der hier beschriebene Sachverhalt kann auf Schüler und Lehrer gleichermaßen zutreffen. Die Risikoquote erreicht gemäß Dieter Zapf im Bereich Erziehung und Unterricht eine 3,5-fache Häufigkeit über normal.[65] Diese wird nur noch vom Gesundheits- und Bereich Soziales übertroffen. Wenn Lehrer mobben, mobben sich auch bald die Schüler. Verhalten wird abgeschaut und kopiert. Dort liegt auch ein Schlüssel für die Zustände an manchen Schulen, währenddessen es an anderen Schulen tatsächlich wenig bis kaum Mobbingvorfälle in den Klassen gibt.

Auf Arbeitgeberseite muss man dieses System Mobbing noch ergänzen, hier gehört dazu, den Betroffenen in eine langwierige Klage zu treiben. Besonders im Öffentlichen Dienst verfolgt man diese Methodik. Dort hat man einen langen Atem, die Kosten zahlt schließlich der Steuerzahler. Die Beamten, die das System Mobbing verursachen, werden nicht zur Verantwortung gezogen, weder in Karrierefragen noch finanziell für die angerichteten Schäden: »Sie können doch klagen, Ihnen steht der Rechtsweg frei!«, lautet die übliche Antwort, wenn Mobbingopfer um ihre berufliche und gesundheitliche Existenz kämpfen. Das hat Methode, denn wenn sich der Betroffene immer wieder an vorgesetzte Dienst-

---

65 Axa.de,»Stellen Beamte und Arbeitnehmer im Öffentlichen Dienst Sonderfälle beim Mobbing dar? (ohne Datum), https://www.axa.de/das-plus-von-axa/oeffentlicher-dienst/mobbing/mobbing-oeffentlicher-dienst, eingesehen am 28.01.2020

stellen oder Gerichte wenden muss (da er keine andere Wahl hat), kann man denjenigen zusätzlich als »Querulanten« abstempeln, der seinen Ruf nur bestätigen würde. Das perfide Spiel einer entmenschlichten Zermürbungtaktik. Der Klagende hat dann neben seinen gesundheitlichen Schäden zusätzlich die jahrelang Last und die finanziellen Belastungen eines derartigen Verfahrens zu tragen.

4.4 Das Spiel der Mitläufer

Neben Tätern und Opfer gibt es auch die Mitläufer, die schweigsame Masse. Diese machen einen ganz erheblichen Anteil in diesem perfiden Spiel aus.

Die Mitläufer erlebten die Handlungen anfangs vielleicht noch ablehnend. Wird dem Betroffenen ein Bein gestellt und dieser stürzt, lachen und grölen sie mit. Schnell und intuitiv haben sie die auch für sie latente Gefahr begriffen. Sie folgen dem Anführer kritiklos, wie eine Schafherde dem Schäfer.

Sie wissen nur zu gut, dass es auch sie selbst irgendwann treffen kann. Deshalb dulden und tolerieren sie die perversen Kommunikationsformen der Mobber gegenüber dem Opfer, machen teilweise mit, indem sie die Claqueure im Spalier bilden, wenn die Täter wieder einmal einen hämischen und zynischen Witz auf Kosten des Geschädigten machen. Der Mensch ist ein Gemeinschaftswesen. Das sind wir alle an den verschiedensten Stellen und deshalb sind Personen überwiegend sozial gesehen Mitläufer. Das ist sicherlich verständlich, es gehört zur Überlebensstrategie, sich anzupassen. Die positiven Seiten überwiegen: Menschen sind in der Masse erfolgreicher. Beispielsweise ist die sogenannte Schwarmintelligenz der Intelligenz eines einzelnen Menschen deutlich überlegen. Es gibt aber leider eine Kehrseite: Wenn Straftaten und/oder Mobbing im Raum stehen und man verweigert dem Opfer jegliche Hilfe und Unterstützung, dann sieht die Sache völlig anders aus.

Was Mitläufer vielmehr tun sollten

Kinder sollten Lehrer und ihre Eltern über die Vorfälle informieren. Dazu gehört unbedingt, sich von den Mobbern zu distanzieren. Ergreift diese Distanz immer mehr Mitschüler, sind die Mobber bald in der Minderheit. Das Opfer muss Unterstützung finden, vor allem, um das stark angeschlagene Selbstbewusstsein wieder zu reparieren. Hierzu muss ihm Hilfe signalisiert werden und gemeinschaftlicher Schutz, um aus der Isolation zu entkommen. In den Pausen muss das Opfer in die Hofrunden der Gleichgesinnten einbezogen werden. Wenn die Täter registrieren, dass das Opfer nicht mehr allein dasteht, wird man versuchen, die Mitläufer anzugreifen. Das erfordert ein gutes Netzwerk der Solidarität untereinander. Und deshalb müssen Lehrer und Eltern ebenso eingreifen! Dem vom Mobbing Betroffenen müssen Aufgaben übertragen werden, die für viele ehrliche und positive Rückmeldungen sorgen, um dessen Selbstwertgefühl wieder anzuheben. Niemand ist gezwungen, Mobbinghandlungen an anderen Menschen tatenlos hinzunehmen. Das häufig missbrauchte Substantiv Zivilcourage ist hier punktgenau an der richtigen Stelle. Es muss nur umgesetzt werden.

5

Rund um die Uhr: Cybermobbing

5.1 Mangelnde Kompatibilität: Digitalisierung und persönliche Entwicklung

Die Digitalisierung geht nicht automatisch mit der psychischen Reife Hand in Hand.[66] Viele Jugendliche sind unfähig, ihre schikanösen Handlungen zu verstehen und einzusehen. Heutzutage ist für viele das Handy wichtiger als diverse Grundeigenschaften, wie beispielsweise Höflichkeit, Pünktlichkeit oder Durchhaltevermögen. Die Frustrationstoleranz gegenüber Aufgaben ohne Spaßfaktor oder eine Fremdbestimmung kann sich erst in der täglichen Interaktion mit anderen Personen herausbilden. Durch die neuen Technologien kommen weder Heranwachsende noch Erwachsene zur Ruhe. Internet und Handy sind die eigentlichen Ersatzbefriedigungen für die eigenen Bedürfnisse. Viele Defizite werden damit überschrieben. Kein Wunder, wenn Mobber (aber nicht nur diese), aufgrund fehlender sozialer Erfahrungen nicht mehr in der Lage sind, ihr eigenes Verhalten einzuordnen oder gar einzusehen. Das liegt aber nicht nur an deren Eltern. Viele leiden selbst durch das Überangebot an Informationen an einer Reizüberflutung, die das Gehirn in eine ständige Alarmbereitschaft versetzt. Einigen fällt es dadurch immer schwerer, zwischen Fiktion und Realität zu unterscheiden. Manche entwickeln Dauerängste und treten den sozialen Rückzug an. Digitalisierung, das sind die »Maschinen« der Neuzeit. Der Reifegrad von Kindern wächst aber nicht mit dem Gebrauch von Technik, der von manchen Erwachsenen übrigens auch nicht (mehr). Dieser wächst nur in einer sicheren Bindung zum Elternhaus und zur sozialen Nahwelt (Mitschüler, Freunde, Sportverein, Natur- und Kulturerlebnisse u. v. m.), die aber genauso Regeln und Grenzen beinhalten muss. Schlecht beraten sind Eltern, die Kinder als Ersatzpartner betrachten. Lehrer sind unersetzbar, um soziale Bindungen aufzubauen und zu stabilisieren. Das Internet vermag das definitiv nicht. Reale Beziehungen zu anderen Menschen sind dem Handy & Co. immer vorzuziehen, so können sozialkompetente Personen entstehen und die Psyche reifen. Nur durch differenzierte Rückmeldungen über das eigene Ich lernt ein junger Mensch, sich und andere lebenswirklich einzuschätzen. Mit der Familie in die Natur gehen, Sport mit Regeln zu treiben, die einzuhalten sind und die abendliche Unterhaltung am Tisch sind Rituale, die dabei helfen.

---

66 Diese Ansicht vertritt vor allem der Facharzt für Kinder- und Jugendpsychiatrie und Psychotherapie, Michael Winterhoff. Nachzulesen u. a. im Focus: Kinderpsychiater: Wegen unseres Systems verdummt Deutschland, vom 27.01.2020, https://www.focus.de/familie/eltern/familie-heute/kinderpsychiater-wegen-unseres-systems-verdummt-deutschland_id_10758064.html, eingesehen am 27.01.2020

5.2 Die bedrohlichen Aspekte von Cybermobbing

Meine Erfahrung zeigt, dass die Problematik Cybermobbing an Schulen geradezu sprunghaft zunimmt. Hierzu erreichen die Präventionsabteilungen der Polizei eine Vielzahl an Ersuchen von Lehrern, die um Unterstützung bitten. Sie sehen sich nicht mehr in der Lage, die Thematik in ihrer Schulklasse zu beherrschen und müssen oft hilflos zusehen, wie Mobbing und Cybermobbing eine unaufhaltsame Eigendynamik entwickeln.

Es handelt sich bei dieser Form des Mobbings um psychische- aber auch physische Gewalt. Verschiedene Möglichkeiten des Cybermobbings habe ich in meinen vorhergehenden Zeilen aufgezeigt. Das Besondere an dieser weiterführenden Form ist, dass die Belästigung rund um die Uhr, ohne Atempause erfolgen kann. In sozialen Netzwerken wie Facebook, Twitter, WhatsApp, u. v. a. werden über das Handy, Email oder in Chatrooms andere beleidigt, genötigt, üble Nachrede und Verleumdung betrieben, nur um einiges zu benennen. Cybermobbing tritt immer mehr gegenüber dem althergebrachten Mobbing in den Vordergrund, weil die Gefahr, ertappt zu werden, geringer ist.

Neben den Chancen, ständig aktuelle Informationen zu lesen und sich individuell auszutauschen, stellt das Internet auch Gefahren dar. Erwachsene schlüpfen in eine andere Identität und suchen gezielt Kinder und Jugendliche zur Beeinflussung und einem sexuellen Austausch (Cybergrooming). Es erfolgt eine sexuellen Belästigung. Später werden die Kinder mit den leichtfertig vor der Webkamera vorgenommenen sexuellen Handlungen erpresst. Das kann auch auf Mobber zutreffen, die, wie auch immer, in den Besitz von kompromittierenden Videos und Fotos gelangen, aber auch tatsächlich durch Gleichaltrige geschehen. Die Bilder oder die vermeintlich vertrauensvolle Konversation werden dann an Klassen o. a. Gruppen weitergeleitet und öffentlich gemacht.

Eine Besonderheit bei dieser Form des Mobbings ist auch, dass der Anteil der Opfer, die zum Täter werden, deutlich höher als beim herkömmlichen Mobbing in der Schule ist. Interessant dabei, dass jeder fünfte Täter selbst einmal ein diesbezügliches Opfer war. Deshalb nimmt hier Rache als Motiv eine herausragende Stellung ein. Das zeigt folgendes real stattgefundenes Beispiel auf:

Ingolstadt: Die Argumentation der 16-jährige Diana Z. war, dass sie Angst vor Ihrer Clique gehabt hätte und sie selbst gemobbt worden wäre, wenn sie nicht die Nacktfotos eines 13-jährigen Mädchens und eines 15- jährigen Jungen verschickt hätte. Sie hatte mehrere dieser Fotos an verschiedene Personen gesendet. Zusätzlich erhielten auch deren Eltern die anstößigen Bilder zur Kenntnis. So hatte der 15-jährige junge Mann entkleidet ein »fotografische Meisterwerk« von sich vertraulich an die Täterin verschickt. Der verständnisvolle Richter stellte das Verfahren gegen die Jugendliche mit einer Auflage ein: Die Schülerin musste ein mindestens zweiseitiges Entschuldigungsschreiben an die Opfer verfassen. Das Gericht prüft den Brief vor der Absendung auf deren Ernsthaftigkeit.

Andere Kinder und Jugendliche faken ihr Profil, um die angegriffene bzw. gemobbte Person ständig zu belästigen, zu beleidigen oder zu bedrohen. Gerüchte und falsche Behauptungen können damit in Windeseile verbreitet werden. Heimlich erlangte Aufnahmen werden offen oder unter der Hand verschickt. Spaßvideos machen die Runde, zum Beispiel das sogenannte Happy Slapping. Dabei werden körperliche Gewalt gegen Personen gefilmt und das Video im Internet veröffentlicht oder an andere weiter verschickt. Ein stattgefundenes Beispiel, allerdings mit einem unerwarteten Ausgang, finden Sie im Kapitel 8.3 ab Seite 139. Die Körperverletzung wird durch das Handy als Waffe ergänzt und intensiviert. Sind die Aufnahmen erst einmal online, ist eine vollständige Löschung selbst für Fachfirmen schwierig.

Auch der Account eines Opfers kann geknackt werden. Damit können in Chaträumen vermeintliche Meinungen kundgetan und falsche Emails verbreitet oder Einkäufe in Onlineshops getätigt werden. Dem Betrug sind faktisch keine Grenzen gesetzt, die Folgen für die Betroffenen völlig unabsehbar. Die Webcam kann durch Spionageprogramme heimlich aktiviert (das beste Mittel: überkleben) und Daten ausgelesen werden.

Jeder, der in bestimmten Foren mitliest oder selbst aktiv ist, konnte sich schon davon überzeugen, wenn eine einzelne Person zum Feindbild auserkoren wird. Wehe dem, der /die Betroffene ist seinen Widersachern in der Schule auch noch ausgeliefert. Gegründete Hassgruppen unter Ausschluss der Person sind üblich. Der Hass kennt dann keine Grenzen. Selbst die vertraulichen Kontaktdaten des Betroffenen werden öffentlich feilgeboten.

Die Anzeigenrate bei Cybermobbing kann nur schwer ermittelt werden, da diese Handlungen bedauerlicherweise keinen eigenen Straftatbestand darstellen. Eine regional begrenzte Studie im Raum Bonn ergab, dass gerade einmal 1,7 Prozent der Opfer bei der Polizei oder Staatsanwaltschaft eine Strafanzeige erstattet haben. Generell haben Dunkelstudien, z. B. die des niedersächsischen Landeskriminalamtes ergeben, dass Straftaten im Netz wenig bzw. fast gar nicht zur Anzeige kommen.

Den Kindern oder Jugendlichen das Handy zu verbieten wird schwierig, da deren Besitz bereits in der Grundschule üblich ist. Bei meinen Veranstaltungen habe ich nur wenige Kinder erlebt, die kein Smart- oder iPhone besaßen. Je teurer, desto besser und je angesehener war das Kind. Soweit zur Realität. An einigen Schulen gibt es bereits handyfreie Zeiten, die konsequent durchgesetzt werden.

Ein Schüler aus Cloppenburg (17) hatte eine Schülerin (16) immer wieder attackiert. Er hatte ihr beleidigende Handynachrichten geschickt. Obwohl das Gericht feststellte, dass zwischen der Selbsttötung der jungen Frau und den Nachrichten kein direkter Zusammenhang nachzuweisen ist, brachten die Mobbingattacken erhebliche Nachwirkungen mit sich. Der 17-Jährige war nicht der einzige, der die Mitschülerin erheblich gemobbt hatte. Deshalb ging das Gericht davon aus, dass das erfolgte Mobbing den Suizid zumindest begünstigt habe. Der Angeklagte hatte offensichtlich als Schutzbehauptung vorgebracht, ebenso von dem Mädchen beleidigt worden zu sein. Das wurde aber nach dem Auslesen des Handys nicht bestätigt. Die dabei festgestellte heftige Wortwahl hatte sich auf das Urteil strafverschärfend ausgewirkt. Zugutegehalten wurde dem jungen Mann, dass er bisher strafrechtlich nicht in Erscheinung getreten war. Das Urteil im Namen des Volkes: 40 Stunden gemeinnützige Arbeit.[67]

Unabhängig von dem vorgenannten Fall, bei dem es sich um ältere Schüler gehandelt hat, sollten Eltern bei Kindern in den Grundschulen oder Schülern bis zur sechsten Klasse konsequent folgende Regeln einhalten: Schauen Sie sich abends die Handyaktivitäten ihres Kindes mit diesem

67 nwzonline: Amtsgericht Cloppenburg ahndet Beleidigung – Mobbingopfer nimmt sich das Leben, vom 28.08.2019, https://www.nwzonline.de/cloppenburg/oldenburg-cloppenburg-amtsgericht-cloppenburg-ahndet-beleidigung-mobbingopfer-nimmt-sich-das-leben_a_50,5,2919600999.html, eingesehen am 01.10.2019focus.de/familie/eltern/familie-heute/kinderpsychiater-wegen-unseres-systems-verdummt-deutschland_id_10758064.html, eingesehen am 27.01.2020

gemeinsam an. Erklären Sie, dass dieser Einblick zu seinem Schutz geschieht. Sehen Sie sich dabei auch genauer die Chatgruppen an, in denen ihr Kind aktiv ist. Wenn Sie feststellen, dass in einer solchen Gruppe extrem gelästert wird, bewegen Sie Ihr Kind zum Aussteigen, auch wenn es selbst davon nicht betroffen ist. Richtig erklärt, wird es Ihr Anliegen als wohlwollende Maßnahme verstehen und nicht als Gängelung. Denn ihr Zögling könnte das nächste Opfer der Gruppe sein.

5.3 Hilfe für Eltern und Schüler

Steigen Sie mit Ihrem Kind gemeinsam aus der digitalen Welt zeitweilig aus. Legen Sie Pausen ein. Halten Sie eine Distanz zum Internet und vermitteln Sie das ihrem Nachwuchs. Eine Regenerierung wird der eigenen Psyche ungemein guttun, vertrauen Sie Ihren Selbstheilungskräften. Anstatt vor dem Laptop zu sitzen, sprechen Sie mehr miteinander über Positives und auch über bestehende Probleme. Vergeuden Sie nicht Ihre Zeit stattdessen am Handy oder PC. Übertragen Sie Ihre eigene Ruhe (nicht Ihre Ängste!) auf Ihre Kinder. Unterstützen Sie die Lehrer an der Schule, machen Sie das Problem zum Thema, denn es betrifft viel mehr, als sie denken. Erwachsene und Kinder entwickeln sich leider immer mehr zum Sklaven des Internets. Maschinen und Automaten wurden einst gebaut, um Menschen bei einer höheren Produktivität mehr Freizeit zu ermöglichen. Inzwischen raubt es uns die so wichtige Zeit zur Regeneration und hält uns von anderen Aktivitäten ab. Richten Sie feste internetfreie Zeiten ein.

Eltern sollten von Beginn an darauf achten, was ihre Zöglinge von sich im Netz preisgeben. Der eigene Klarname, der Geburtstag, dir Adresse, Telefonnummern, Passwörter und Fotos sollten tabu sein, ebenso persönliche Lebensereignisse, die private Rückschlüsse erlauben. Bei Angabe der eigenen Hobbys und Interessen, der Emailadresse, von Lieblingsmusik- und filmen oder ähnlichem sollte vorher altersabhängig sehr gut überlegt werden.

Auf Kontaktversuche von Unbekannten ist anzuraten, nicht zu reagieren bzw. diese zu blockieren. Auch wenn die erste Aufregung groß ist, auf Beleidigungen und Bedrohungen sollte ein Kind nicht reagieren. Der richtige Schritt ist hier die Information ans Elternhaus. Beweise müssen gesichert werden (Screenshot anfertigen oder Chatprotokolle ausdrucken), eine Strafanzeige durch die Eltern kann gestellt werden. Strafanzeigen sind an keine Form gebunden, ein Brief an die Polizei mit den Tatsachen ist ebenso möglich wie der unpersönliche formale Kontakt über die Internetwache. Allerdings geht nichts über einen persönliche Anzeigenaufnahme durch einen fachkundigen Polizeibeamten, zu der ich nur raten kann. Bei bekannten Mitschülern ist anzustreben, zusätzlich die Schule zu informieren. Sich als Erziehungsberechtigte direkt an die Eltern eines Bullys zu wenden, ist ein zweiseitiges Schwert und kann ggf. das Gegenteil erzeugen, wenn diese ihren »Goldschatz« verteidigen. Das könnte den angedachten positiven Klärungsprozess schnell aus dem Ruder laufen lassen.

In den verschiedenen Netzwerken kann man die Kontakteinstellungen konkretisieren. Es ist anzuraten, diese Funktion zu nutzen. Ist das Kind noch relativ jung an Jahren, kann das ein Elternteil gemeinsam mit dem Kind einrichten. Damit sollte generell verbunden sein, ein Kind darauf vorzubereiten, dass es unabhängig von Cybermobbing im Internet auf schockierende Videos, Berichte oder Fotos stoßen kann. Passwörter und Filter werden daran nicht viel ändern können.

Bei Angriffen in Foren sollte unbedingt der Betreiber informiert werden. Das hat nichts mit »verpetzen« zu tun. Die Meldung darf auch gerne anonym erfolgen. Seriöse Administratoren werden die gemeldeten Verstöße unterbinden. Erfolgt das nicht, kann ich nur dringend empfehlen, solch ein Forum zu verlassen.

Lehrer sollten das Thema »Cybermobbing« unbedingt von Zeit zu Zeit mit ihren Schülern besprechen. Kinder kennen sich zwar mit der IT-Technik sehr gut aus, nicht aber mit den möglichen Gefahren und dem geltenden Recht. Ein einmaliges Darauf verweisen reicht hier auf keinen Fall aus, um zum Beispiel einen Vorfall in der Klasse aufzuarbeiten und auf diese Weise soziale Fertigkeiten zu vermitteln. Dazu gehören das Aufstellen von klaren Regeln und vor allem eine Sensibilisierung zum Thema Mobbing. Fehlverhalten muss sofort angesprochen und möglicherweise geahndet werden.

5.4 Hand aufs Herz: Das eigene Sicherheitsverhalten

Nutzen Sie auf Ihrem Handy und PC eine Sicherheitssoftware? Schalten Sie außerhalb der Wohnung die WLAN- und Bluetooth-Funktion aus? Öffnen Sie selbst keine unbekannten Emails und lassen sich nicht auf unbekannte Webseiten leiten? Klicken Sie auf keine Ihnen unbekannten Werbebanner? Nutzen Sie bei Ihren Finanzgeschäften nur HTTPS-gesicherte Seiten (grünes Schloss)? Legen Sie keine gebrauchten USB-Sticks in das Laufwerk, diese könnten infiziert sein. Überlegen Sie sich gut, welchem Anbieter einer Cloud Sie vertrauen wollen, nutzen Sie nur sichere Passwörter. Installieren Sie regelmäßig die von Ihrem Hersteller zur Verfügung gestellten Sicherheitsupdates. Geben Sie keine Auskunft am Telefon zu Ihren Daten, wenn angeblich Ihre Bank oder Wirtschaftsinstitute anrufen. Lassen Sie sich von deren Aggressivität nicht einschüchtern, legen Sie einfach auf. Bei Verlust einer Kredit- oder SIM-Karte sollten Sie die sofortige Sperrung vollziehen lassen. Überlegen Sie sich des Weiteren gut, ob Sie ans Telefon bei einer unbekannten Nummer gehen. Melden Sie sich prinzipiell nie mit Ihrem Namen oder einem »Ja« (kann als Ihr Einverständnis für einen angeblichen Vertragsabschluss zusammengeschnitten werden). Die eigene Vorbildwirkung kann manchmal auch anstrengend und aufwendig sein. Es geht vor allem darum, ein aktives Gefahrenbewusstsein zu schaffen, das einen davor schützt, Opfer von Cybermobbing oder anderen Netzattacken zu werden.

Die junge Schweizerin Celine Pfister (†13) hatte sich 2017 das Leben genommen, da sie in den sozialen Netzwerken gemobbt worden war. Ein 14-Jähriger hatte sie solange unter Druck gesetzt, bis sie ihm intime Fotos von sich geschickt hatte. Diese Bilder konnten anschließend 500 Jugendliche sehen, da die Fotos auf Social Media verbreitet wurden. Das Mädchen wurde nach der illegalen Veröffentlichung massiv beleidigt und bedroht. Schließlich konnte sie dem nicht mehr standhalten und suizidierte sich. In erster Instanz wurde der inzwischen 17-Jährige 2019 durch einen Strafbefehl zu einem nur kurzen Arbeitseinsatz verurteilt. Das wollten die Eltern des gemobbten Kindes aber nicht hinnehmen und gingen gegen das Urteil in einen Einspruch. Die neue Verhandlung wird noch stattfinden. Celines Eltern sind mit dem tragischen Fall an die Öffentlichkeit gegangen, obwohl sie wissen, dass die Chancen für eine schärfere Verurteilung schlecht stehen. Ihnen geht es vor allem darum, ein öffentliches Zeichen gegen Cybermobbing zu setzen.[68]

---

68 Blick.de, Mobbing-Fall Céline kommt im Februar vor Gericht, vom 07.12.2019, https://www.blick.ch/news/schweiz/mittelland/eltern-wollen-zeichen-setzen-mobbing-fall-celine-kommt-im-februar-vor-gericht-id15652871.html, eingesehen am 08.12.2019

❻

Opferschutz – ein ungeliebtes Stiefkind in Deutschland

6.1 Lebensgefahr: Folgen und Auswirkungen

Aufmerksame Mitmenschen merken es an den Verhaltensänderungen. Wenn Kinder plötzlich nicht gerne zur Schule gehen, sollten Eltern sehr hellhörig werden. Selbstverständlich können die Ursachen dafür ganz unterschiedlich sein: eine Erkrankung, die Angst vor einer Leistungsüberprüfung, der Streit mit einer Freundin oder Lehrerin. Mobbing hat jedoch zur Folge, dass Kinder die alleinige Schuld bei sich suchen. Besteht keine gute Bindung zu den Eltern, kann es passieren, dass sich das Problem über einen längeren Zeitraum potenziert, am Ende mit möglichen dramatischen Auswirkungen. Typisch dafür ist auch ein Rückzug ins eigene Ich bis hin zur sozialen Isolation. Auch außerhalb des Schulbereiches wird z. B. der Malzirkel oder der Sportverein gemieden. Die Selbstzweifel nehmen zu, das Selbstvertrauen und Selbstbewusstsein verringern sich adäquat, das Kind fragt sich, ob es (umgangssprachlich) »Flöhe und Läuse, Pest und Cholera« gleichzeitig hat. Ausgrenzung und Selbstzweifel enden in einer großen Vereinsamung. Diese schmerzt nicht nur seelisch, sondern auch körperlich. Die Gefahr, dass sich aus der Schulangst ein Schulschwänzen bis hin zum vorzeitigen Schulabbruch entwickelt, ist außerordentlich groß. Die Anzahl der Schulabbrecher lag 2017 in Deutschland bei 6,9 Prozent (5,9 Prozent 2016). 2017 lag die Zahl nach einer Caritas-Studie bei mehr als 52.000.[69]

Die abnehmende Belastbarkeit in Konfliktsituationen zeigt sich durch besonders auffallende (veränderte) Reaktionen. Das können beispielsweise Weinen bis hin zu überschießenden emotionalen Aggressionen wie Wutausbrüche oder Panikreaktionen sein. Diese abweichenden Verhaltensweisen sind dann wiederum für die Mobber, Mitläufer und manche Pädagogen Anlass, die Schuld dem Opfer zuzuweisen und erneute Schikanen gegenüber dem auserkorenen Außenseiter zu starten. Ein Teufelskreis.

Mobbing bedeutet chronischer dysfunktionaler Dauerstress. Die Auswirkungen auf Psyche und Physis sind fatal. Das ist an den kognitiven, muskulären und vegetativen Reaktionen des Körpers zu erkennen. Die

69 caritas.de: Neue Caritas-Studie: Immer mehr Jugendliche ohne Hauptschulabschluss, vom 29.07.2019, https://www.caritas.de/fuerprofis/presse/pressemeldungen/neue-caritas-studie-immer-mehr-jugendliche-ohne-hauptschulabschluss-ecde6f8b-8282-4476-9e1e-61274c106e7d, eingesehen am 30.07.2019

Muskulatur befindet sich in einer Daueranspannung und drückt auf das Skelett. Chronische Rückenschmerzen können die Folge sein. Der Betroffene befindet sich in einem ständigen Alarmzustand. Die jahrtausendalte in uns genetisch abgelegte Lösung Angriff oder Flucht wird selten möglich sein, denn die Schule darf man nicht ohne weiteres verlassen oder einen Mitschüler tätlich angreifen. Die unterdrückten Aggressionen können in Depressionen umschlagen. Der Körper beginnt sich Tod zu stellen und verfällt in einen Dämmerzustand.

Adrenalin und Noradrenalin werden ausgeschüttet, Fette und Blutzucker gelöst, Herzschlag und Blutdruck steigen. Durchfall, Essstörungen, Erbrechen, Übelkeit sind möglich. Bei bestehenden Vorerkrankungen kann es zu einer Chronifizierung der Beschwerden kommen. Erkältungen treten häufiger und intensiver auf, das Immunsystem ist nicht mehr ausreichend in der Lage, den Körper zu schützen. In der Schule erfolgt ein Leistungseinbruch.

Zwangsgedanken bis zur Erschöpfung, Konzentrationsstörungen, Leistungsversagen, Angst vor der Zukunft und selbstzerstörerische Kritik bestimmen den inneren Zustand. Ein »gebrochener« Gang (hängende Schultern, gesenkter Blick, langsame kraftlose Schritte) zeigen auch nach außen die generalisierende Ängstlichkeit und das erheblich defizitäre Selbstwertgefühl. Darauf können auch weitere äußere Anzeichen, man denke an das Fingernägelkauen oder andere Selbstverletzungen wie das Ritzen hinweisen.

Bei Kindern und Jugendlichen besteht zusätzlich die Gefahr, dass sie leichte Opfer für Pädophile werden, die diese Probleme bei Kindern erspüren Diese erschleichen sich das Vertrauen und bieten sich als »Lösung« aller Probleme an.

Aber auch die Flucht in eine Scheinwelt ist möglich. Heutzutage stehen Kindern praktisch alle Möglichkeiten offen, denn ein verfrühter Pornokonsum, Computerspiele, das Internet etc. sorgen oft für ein unkontrolliertes und reichhaltiges Angebot. Später können Tabletten und Alkoholmissbrauch oder ein illegaler Drogenkonsum dazukommen.

Von sozialen Phobien/ Angsterkrankungen, Traumatisierungen, ADHS[70], Depressionen bis hin zu Selbsttötungsgedanken und realem Suizid, weil das Kind keinen Sinn mehr im Leben sieht, reichen die auftretenden psychische Erkrankungen oder Störungen.

Bei vielen Mobbingopfern heilt die Zeit die Wunden. Unser Körper besitzt Selbstheilungskräfte, die nicht zu unterschätzen sind. Leider trifft das nicht in jedem Fall auf jeden ausreichend zu. Vor allem wenn die damit verbundenen Erkrankungen bereits in ein chronisches Stadium eingetreten sind. Dramatische lebenslange Folgen treten ein. Trauma verändern lebenslang die Gene von Menschen, selbst die Gesichtszüge entwickeln sich bei Kindern unsymmetrischer, wenn sie Misshandlungen oder Dauerstress ausgesetzt waren bzw. sind.

Werden Kinder in der Schule gemobbt und haben zu ihren Eltern oder anderen Personen keine vertrauensvolle und stabile Bindung angeboten bekommen, muss davon ausgegangen werden, dass sich eine irreparable Beziehungsunfähigkeit als Erwachsener für einer feste Partnerschaft oder Familie herausbilden kann. Haben sich erst einmal die fatalen Beziehungsmuster in der Kindheit fest eingeprägt, entwickelt sich nach dem jahrelangen Rückzug eine große Einsamkeit. Dabei werden die geringen sozialen Kontakte einerseits als Eigenschutz wahrgenommen, andererseits kann daraus ein neuer Leidensdruck entstehen.

Einige langfristige Folgen für die Berufsbiographie hatte ich bereits genannt. Die Gefahr, dass eine in der Schulzeit durch Mobbing unbehandelte Traumatisierung lebenslange Folgen hat, ist als gegeben einzuschätzen. Es gibt die verschiedensten Anlässe, eine Posttraumatische Belastungsstörung (Post-Traumatic-Stress-Disorder, PTSD) zu entwickeln. Allerdings bildet nicht jeder dieses seelische Verletzungsbild nach belastenden Situationen aus, da angenommen wird, dass im westeuropäischen und US-amerikanischen Kulturkreis etwa 60% aller Menschen in ihrem Leben mindestens ein Trauma erleben. Menschen, die im Alltag ausgesprochen höflich sind, können ohne Anlass plötzlich übermäßige Schreckhaftigkeit, Reizbarkeit und Wut-

70 Hamburger-Abendblatt, Joachim Riedel, Ärztlicher Leiter des Werner Otto Instituts: Hilfe bei ADHS – Es gibt immer mehr verhaltensauffällige Kinder, vom 01.02.2020, https://www.abendblatt.de/hamburg/von-mensch-zu-mensch/article228289533/Es-gibt-immer-mehr-verhaltensauffaellige-Kinder.html, eingesehen am 02.02.2020

ausbrüche entwickeln.[71] Es kann für Außenstehende, auch viele Jahre nach dem traumatisierenden Ereignis, zu Reaktionen kommen, die schockierend wirken. Bei der Aktivierung von Schlüsselreizen (Triggern), das könnte zum Beispiel eine vermeintliche Erniedrigung oder ein so empfundener persönlicher Angriff sein, wird auch ein eher problemloses Ereignis zum Anlass, das (traumatische) Erlebnis aus der Vergangenheit erneut zu durchleben. So bleibt das Unterbewusstsein im Überlebenskampfmodus stecken. Von Mobbing Betroffene, Soldaten, Polizisten und Flüchtlinge, kann es ebenso treffen wie Menschen, die Überfälle oder Verkehrsunfälle überlebt haben.

Zu einer weiteren Untersuchung: In Großbritannien wurden 7000 Schüler auf dem Berufsweg begleitet. Bei den einst gemobbten Schülern vergrößerte sich schon mit 25 Jahren das Risiko um 30 Prozent, arbeitslos zu sein. Die psychische Gesundheit war eingeschränkt. Je massiver das Mobbing war, desto einschneidender die Folgen. Dauerstress mit all seinen körperlichen Folgen, ein geringes Einkommen, Suchtverhalten und vor allem Einsamkeit sind Turbokatalysatoren für eine stark verkürzte Lebenserwartung.

6.2 Die strategische und taktische Organisation der Gegenwehr

Das Wichtigste für einen **Geschädigten** ist, die eigene Angst zu überwinden, um die Perversionen anzusprechen. Eltern müssen deshalb unbedingt auf folgende Verhaltensveränderungen ihrer Kinder achten:

Es gibt Täter, die einen Raubtierblick haben, wie ihn ein Rudel Wölfe hat, dass aus einer Herde das schwächste Tier herausfinden und isolieren muss, soll die Jagd erfolgreich sein. Menschliche Anzeichen eines schwachen Selbstwertes erkennen sie an folgender Körpersprache:

- zögernde Bewegungen mit unsicheren Schritten
- hängende Schultern
- leichte Ablenkbarkeit
- Augen zu Boden gerichtet

---

71 Steffen Meltzer: Ratgeber Gefahrenabwehr: So schützen Sie sich vor Kriminalität – Ein Polizeitrainer klärt auf, Kapitel »Umgang mit psychisch auffälligen Personen (Drogen, Psychopharmaka, Alkohol, psychische Erkrankungen). Die Gefahr aus dem Nichts – nicht nur für Polizisten«, Ehrenverlag , 2. Auflage, November 2018, Seite 109, https://www.steffen-meltzer.de/produkt/ratgeber-gefahrenabwehr-schuetzen-sie-sich-vor-kriminalitaet-ein-polizeitrainer-klaert-auf/, eingesehen am 29.01.2020

Kommen dazu sprachliche Signale der Selbstunsicherheit dazu, wird man schnell als Opfertyp identifiziert:

- Stottern oder andere Signale der Überaktivierung
- Lachen aus Verlegenheit
- übermäßige und ungewollte Höflichkeit
- an jedem Thema Interesse zeigen, obwohl das Gegenteil der Fall ist
- unangenehme Themen nicht direkt ansprechen, werden nur vorsichtig umschrieben. Konfliktscheues Handeln, statt klipp und klar Problem darzustellen, Maßnahme anzusprechen und sachlich begründen.

Beobachten Sie Ihr Kind im Umgang mit Erwachsenen und anderen Kindern. Diese verbalen und nonverbalen Signale der Unsicherheiten sind fatal und lebenserschwerend, sie dürfen sich auf keinen Fall verfestigen. Es ist Aufgabe der Eltern, für ein selbstsicheres Kind zu sorgen. Manchmal ist hierfür therapeutische Hilfe notwendig und zwar auf Seiten des Kindes und vor allem der Eltern.

Viele Kinder und Jugendliche werden als Opfer ausgesucht, weil sie von vornherein mit wenig Selbstbewusstsein aufwarten können. Deshalb ist das Brechen des Schweigens der Anfang von allem. Betroffenen kann ich deshalb nur raten, sich an Vertrauenspersonen offensiv und hartnäckig zu wenden. Das können die Eltern, Verwandte, Freunde oder Lehrer sein. Ohne Hilfestellung ist die Problembeseitigung leider oftmals nicht möglich. Das Verschweigen und Hinnehmen der Schikanen ermuntert die Täter, in immer kürzeren Abständen immer brutaler vorzugehen. Auch vorläufig noch neutrale Außenstehende werden sich dem Gruppendruck beugen, da ein wehrloses Opfer »selbst schuld« ist.

Wenn man sich gegen Mobbing wehren will, sollte man zunächst erst einmal alle Mobbinghandlungen, die am besten in einem **Mobbingtagebuch** mit Zeugen, Sachverhaltsbeschreibung, Uhrzeit und Datum festgehalten werden, klassifizieren. Wer hat etwas Konkretes (zum Beispiel eine Beleidigung: »Du bist eine dreckige Nutte!«) gesagt. Was waren die gesundheitlichen Folgen, zum Beispiel Kopfschmerzen, Erbrechen, Appetitlosigkeit. Gleich von einem Arzt attestieren lassen. Zur Erinnerung: Denken Sie auch an Screenshots bei beleidigenden WhatsApp-Nachrichten oder Verleumdungen im Internet.

Diese umfangreiche Buchführung wird noch nicht in jeder Altersstufe möglich sein. Bei kleineren Kindern sollten Eltern sowieso so zeitig wie möglich reagieren und Kontakt zur Klärung mit den Verantwortlichen aufnehmen. Streiten Erzieher Mobbing ab, hilft manchmal ein Gespräch mit anderen Eltern, deren Kinder von ähnlichen Handlungen eines Bullys betroffen sind oder die Beobachter wurden. Mehrere Erziehungsberechtigte kann man nicht einfach abweisend stehen lassen.

Denn eins sollte für jeden Geschädigten klar sein: Die Mobber, oft auch die Lehrer und die Schulleitung werden gewöhnlich alles tun, um zu negieren, dass Mobbing vorliegt. Da Mobbing als unsoziales Verhalten verrufen ist, wird man solche Vorkommnisse schon aus Selbstschutz reflexartig abstreiten. Die Täter werden versuchen, den Spieß umzudrehen. Die Verantwortlichen werden Mobbing abstreiten, da niemand als kaltherzig erscheinen will und weil Bedenken bestehen, dass ihnen unterlassene Hilfeleistung sowie Verstöße gegen das Schulgesetz vorgeworfen werden könnten. Möglicherweise wird man sogar in alter Manier eine zusätzliche Bedrohungslage schaffen und selbst mit Strafanzeigen gegen das Mobbingopfer oder seine Eltern drohen. Das muss jedem klar sein, der etwas gegen Mobbing unternehmen will. Lassen Sie sich davon jedoch auf keinen Fall beeindrucken!

Der Geschädigte kämpft dann nicht nur gegen die Täter, sondern auch gegen Institutionen an. Das ist ganz schön viel verlangt für ein Kind. Eindeutig zu viel. Es funktioniert nur, wenn Eltern und andere Helfer eingeschaltet werden.

Seien Sie konsequent und lassen Sie sich nicht beschwichtigen mit Sätzen wie: »War doch alles nicht so gemeint« und »Ab jetzt schauen wir nach vorn!«.

Das Nonplusultra ist, dass Eltern SOFORT eingreifen, wenn sie davon hören, dass ihr Kind gemobbt wird. Also muss die Klassenlehrerin unmittelbar informiert und zum Eingreifen aufgefordert werden. Denn es muss mit dem Quäler und seinen Eltern sofort gesprochen und Maßnahmen eingeleitet werden, um das zukünftig zu verhindern.

Ist die Schulleitung inaktiv, ist es dringend angeraten, sich sofort an den Schulrat zu wenden. Passiert nichts außer schönen Worten, sollte das

Kind sofort umgeschult werden. Das Kind innerhalb der Schule in eine andere Klasse umzusetzen, macht keinen Sinn, da es in den Hofpausen den Qualen weiter ausgesetzt wäre. Das erfordert ein gutes Vertrauensverhältnis zwischen Eltern und Kind. Problematisch ist es bei Elternhäusern, in denen Gewalt in der Familie eine Rolle spielt und Kinder seelisch verwahrlosen. Da heißt es für alle, die Augen aufzumachen und einmal echte Zivilcourage zu zeigen, um dem Kind aus der Misere zu helfen.

Ein positives Beispiel aus der Praxis

Ein Mädchen und ihre Freundin wurden mit den üblichen hier beschriebenen Handlungen nicht nur in der Klasse gemobbt. Selbst die Pause auf dem Schulhof wurde zum Spießrutenlauf. So mussten die Kinder durch ein Spalier auf dem Schulplatz gehen, die Lehrer schauten weg und wollten von alledem nichts mitbekommen haben. Als sich eine der beiden Schülerinnen zu Hause offenbarte, griff die Mutter sofort ein. Energisch wurde gegenüber der Schulleitung interveniert. Damit verbunden war eine kompromisslose und konsequente Ansage: Sollte die Schule keine Maßnahmen gegen das Verhalten der Schüler und Lehrer ergreifen, wird die regionale Presse informiert und das Mädchen umgeschult. Die Schulleitung handelte sofort und belehrte alle Lehrer im Umgang mit Mobbinghandlungen, einschließlich der Aufforderung, auch in den Pausen sofort einzugreifen. Das Verhalten auf dem Schulhof wurde in allen Klassen ausgewertet und der Mobber (Bully) an eine andere Schule versetzt. Nicht immer werden sich Mobbinghandlungen so eindeutig auflösen lassen wie in diesem Fall, bei dem sofort eingegriffen wurde, ohne dass sich die feindlichen Handlungen noch weiter verfestigen konnten.

Meistens ist das Kind bereits in den Brunnen gefallen, wenn über Wochen oder Monate niemand etwas unternommen hat.

Suchen Sie bei einer Notwendigkeit für Ihr Kind einen spezialisierten Therapeuten, mit dem Sie das Trauma aufarbeiten und mit dem Sie die weiteren Schritte besprechen. Natürlich können Sie sich auch an die Elternvertretung der Schule wenden. Sollten die Eltern der Mobber dort allerdings eine Funktion innehaben, erwarten Sie besser nicht zu viel Unterstützung. Wenn nichts mehr hilft, bleibt nur der Weg zu einem spezialisierten Rechtsanwalt. Der prüft, wie intensiv die Persönlichkeitsrechte Ihres Kindes verletzt worden sind und wird die Schule auffordern, dieses Verhalten umgehend abzustellen, um nach den Vorgaben des Gesetzes einen Schutz auf den Weg zu bringen. Ihr Anwalt wird Sie auch dahingehend beraten, ob dem Kind ein Schadensersatz zusteht. Adressat kann hierbei die Schule sein, bei einem außerschulischen Mobbing die Mitschüler als Tatverdächtige. Die Beweislage ist eher, trotz Mobbingtagebuch, als schwierig anzusehen und die Gerichtssprechung ist in Deutschland dahingehend sehr unterschiedlich und nicht immer opferfreundlich. Jedoch hat sich in den letzten Jahren diesbezüglich einiges positiv für Mobbingopfer getan. Erfahrungsgemäß werden sich vor Gericht nur wenige als Zeugen zur Verfügung stellen, da diese, bei entsprechenden Aussagen, eigene Nachteile befürchten. Sie müssen außerdem unbedingt die Strafrelevanz des Mobbingverhaltens einschätzen. Auch hier hilft ein Anwalt. Denken Sie an Verleumdung, üble Nachrede, Körperverletzung – durch psychische Misshandlung wurde das körperliche Wohlbefinden des Kindes erheblich beeinträchtigt. Außerdem Nötigung, Sachbeschädigung usw., eine Aufstellung möglicher Straftatbestände habe ich für Sie im Kapitel 3.1 ab Seite 56 vorgenommen. Beachten Sie, dass es gerade bei Gewohnheitstätern keine Seltenheit ist, dass sich diese mit Gegenanzeigen zur Wehr zu setzen versuchen. Sollte das passieren, bewahren Sie unbedingt die Ruhe, denn eine Strafanzeige allein besagt erst einmal nicht viel. Sie können dann immer noch eine erneute Strafanzeige wegen »Vortäuschung einer Straftat«[72] bei der Polizei erstatten. Klüger ist jedoch, den Ausgang der Ermittlungen zur gegnerischen Anzeige erst einmal abzuwarten, um danach noch einmal strafrechtlich loszuschlagen. Dann haben Sie schwarz auf weiß, dass an der Strafanzeige des Mobbers gegen Sie bzw. Ihr Kind (kommt auf die Konstellation an, ebenso auf das Alter des Kindes) nichts dran war. Nerven behalten, Geduld haben, Gelassenheit zeigen und den richtigen Moment für eine Initiative erspüren, (je eher desto besser aber nicht überstürzt), sind die besten Ratgeber.

Sollten Ihr Kind ein »Opfer-Typ« sein, stärken Sie unbedingt sein Selbstwertgefühl. Dabei helfen mentale Trainings und das Überwinden von kleinen Ängsten als Beginn für größere Schritte. Nehmen Sie sich für jeden Tag eine Aufgabe vor, die Mut erfordert, die das Kind erfolgreich bewäl-

72 Strafgesetzbuch (StGB), § 145d Vortäuschen einer Straftat

tigen kann, um damit auf diesem Erfolgserlebnis aufbauen zu können. Denken Sie an die Körpersprache. Einen aufrechten, selbstbewussten Gang kann man erlernen. Eine aufrechte Haltung hat auch Auswirkungen auf die Psyche und umgekehrt: Negative und ängstliche Gedanken lassen Sie oder ein Kind auch körperlich zusammenfallen. Suchen Sie mit Ihrem Kind gemeinsam Freunde und Bekannte, die aufbauende Rückmeldungen mit konstruktiver Kritik geben, aber vor allem das Positive spiegeln.

Schauen Sie mit ihrem Kind nach, was eine »paradoxe Intention« und »paradoxe Intervention«[73] bedeutet und trainieren Sie sich einige wenige Sätze an, die Sie dann immer wieder einsetzen. Ihrer Fantasie sind dabei keine Grenzen gesetzt. Gehen Sie bzw. ihr Kind (soweit altersgerecht möglich) auf keinen Fall auf den Sachverhalt des Angreifers ein. Denn er wird sich freuen, wenn man auf seine Provokationen immer wieder anspringt.

Ist der Konflikt in einer fortgeschrittenen Eskalationsstufe, müssen Sie den nächsten Gang einlegen. Zum Beispiel können Sie die Öffentlichkeit hinzuziehen. Manche Journalisten sind für diesbezügliche Hinweise sehr dankbar. Gewöhnen Sie sich die Bezeichnung Opfer ab. Sagen Sie sich selbst, dass Sie bzw. Ihr Kind ein Geschädigter oder Betroffener ist und kommunizieren Sie das auch so nach außen. Wer sich als Opfer fühlt, gibt sich auch wie ein Opfer und macht sich dadurch noch mehr angreifbar.

Im Kapitel 6.7 finden Sie ab Seite 108 ein Verzeichnis weiterer Hilfen und Unterstützung«. **Dort** habe ich für Sie Telefonnummern, Vereine und weitere Ansprechpartner aufgelistet.

73 Kann zur eigenen Angstbekämpfung durch eine Zuspitzung und Humor gut zur Anwendung kommen, benötigt jedoch in der ersten Zeit einen Helfer/Unterstützer. Dabei sucht man bewusst angstmachende Situationen auf, übertreibt dabei bewusst die Angst und löst damit das Problem mit einem Lachen auf. Ebenso gegenüber dem Mobber oder einem Täter kann ein paradoxer Satz zur Verwirrung führen, wenn er bei seinem Opfer ein bestimmtes Verhaltensmuster erwartet. Beispiel: Ein Schüler bedroht einen anderen Schüler mit einer scharfen Schusswaffe: Der Bedrohte entgegnet: »Heute ist Mittwoch, geschossen werden darf an unserer Schule nur an einem Montag.« Der Täter ist für kurze Zeit verwirrt, da er die »Logik« des Satzes nicht versteht. Das vermeintliche Opfer hat damit die Initiative übernommen.

6.3 Das eigene Immunsystem gegen Mobbing: Verhaltenshinweise für Lehrer und andere Mitarbeiter im Öffentlichen Dienst

Pädagogische Angelegenheiten anvertrauter Kinder klärt man dann am besten, wenn man selbst nicht gemobbt wird und auch ansonsten nicht von existenzbedrohenden Problemen beispielsweise eines Burnouts belastet ist. Das verengt die eigene persönliche Wahrnehmung, Belastbarkeit und Konfliktfähigkeit.

Sind Sie gegen Angriffe von anderen Lehrern und Eltern gut gewappnet? Können Sie sich vor Überlastungen schützen und auch einmal »Nein« sagen? Falls nicht, sagen Sie dreimal am Tag entschlossen, laut und deutlich: »Nein, das will ich nicht!« Reißen Sie gleichzeitig die Arme hoch, atmen Sie tief ein und aus. Sie verbrennen dabei jede Menge Stresshormone und tun gleichzeitig etwas für Ihr Unterbewusstsein. Sie gewinnen dadurch mit der Zeit an Stärke.

Kompensieren Sie Probleme mit Tabletten und/oder Alkohol? Sind Sie in der Lage, bevorstehende körperliche Angriffe durch Schüler oder Erwachsene zu decodieren? Gibt es Handlungsrichtlinien, wie an der Schule mit Angriffen umgegangen wird und sind diese Ihnen bekannt? Herrscht an der Schule ein Bewusstsein für Mobbing und Gewalt oder werden diese Vorkommnisse totgeschwiegen und unter den Teppich gekehrt? Haben Sie sich Verbündete gesucht und das Problem bereits im Lehrerkollegium angesprochen? Steht der Rektor/die Rektorin unterstützend hinter seinem Lehrkörper? Besteht ein ungeschriebenes Verbot, die Polizei einzuschalten? Wird eine Fortbildung zu diesem Thema angeboten und durchgeführt? Wie gehen Sie selbst mit Mobbing und Gewalt unter den Schülern um? Haben Sie in der Klasse das Thema immer wieder angesprochen und die Kinder und Jugendlichen hierzu sensibilisiert? Haben Sie vermittelt, wie sich betroffene Kinder verhalten sollen und wo diese Hilfe und Unterstützung bekommen? Wie wird der Täter sanktioniert? Werden die Eltern oder andere Institutionen einbezogen? Gibt es Fallbesprechungen im Lehrerteam?

Allein der Umgang mit aggressiven »Kunden« oder anmaßenden Kollegen und Vorgesetzten ist eine Kunst, die nicht jedem gegeben ist. Es ist jedoch nie zu spät, damit anzufangen. Beginnen Sie sofort mit Ihrem Selbstbehauptungstraining. Ich empfehle Ihnen das Kapitel »Bedrohung am Arbeitsplatz durch aggressive Kunden«[74] in meinem anderen Buch einmal näher anzuschauen, deshalb werde ich hier nur am Rande darauf eingehen.

Falls man Sie als Lehrer in der Schule körperlich angreift: Egal, wer Sie weshalb auch immer attackiert, versuchen Sie sich immer korrekt zu verhalten! Gerade wenn viele Zeugen anwesend sind, ist das besonders wichtig. Mobben Sie auch nicht zurück, drohen Sie nicht zurück. Selbstverständlich steht Ihnen jedoch das Notwehrrecht zu. Natürlich können Sie auch eskalieren, um zu deeskalieren. Sie müssen dann allerdings damit rechnen, dass auch Sie Strafanzeigen erhalten, die Sie mühevoll und nicht ganz preiswert, mit einem Rechtsanwalt niederschlagen müssen. Das kann man auch erschwinglicher, ja sogar kostenlos haben:

Trainieren Sie Fragetechniken, denn wer fragt, der führt und kann den Konflikt in seine Richtung lenken. Es gibt verschiedene Frageformen: Suggestivfragen, offene Fragen, geschlossene Fragen, Alternativfragen usw. Um Missverständnisse und Eskalationen im Gespräch zu vermeiden, bringen Sie feststellende Fragen zur Anwendung: »Habe ich Sie richtig verstanden, Sie sind der Auffassung, dass ich Ihr Kind im Unterricht benachteilige?«. Und schon fühlt sich die aufbrausende Mutter von Ihnen als Gesprächspartner ernst genommen. Manchmal ist es auch gut, dem Gegenüber die Gelegenheit zu geben, seinen Emotionen freien Lauf zu lassen. Ist die innere Angespanntheit entwichen, kann man zum sachlichen Teil des Gesprächs übergehen. Allerdings gibt es unangenehme Zeitgenossen, deren Redeschwall kein Ende nehmen will. Dann müssen Sie irgendwann das Gespräch unterbrechen. Ziehen Sie davon einen positiven Gesprächsfetzen heraus und versuchen Sie daraus eine gemeinsame Gesprächsgrundlage zu entwickeln. Gerade bei sehr emotionalen oder aufgebrachten Eltern ist es sinnvoll, nicht auf jede kleine Provokation sofort einzugehen. Löschen Sie dieses einfach, hören Sie darüber weg. Kommen Angriffe jedoch gezielt, müssen Sie sofort intervenieren, von Anfang an! Gegebenenfalls brechen Sie das Gespräch zum Eigenschutz ab. Achten Sie auf eine aufrechte (im doppelten Sinn) Körper-

74 Steffen Meltzer: Ratgeber Gefahrenabwehr: So schützen Sie sich vor Kriminalität – Ein Polizeitrainer klärt auf, Kapitel Bedrohung am Arbeitsplatz durch aggressive Kunden, Ehrenverlag, 2. Auflage, November 2018, https://www.steffen-meltzer.de/produkt/ratgeber-gefahrenabwehr-schuetzen-sie-sich-vor-kriminalitaet-ein-polizeitrainer-klaert-auf/, eingesehen am 29.01.2020

sprache. Lassen Sie sich nicht beeindrucken. Auch nonverbale Einschüchterungen, zum Beispiel das Eindringen in die soziale Zone, (üblicher Abstand zu Fremden[75]) oder gar in die persönliche Wohlfühldistanz, sind für manche eine Gesprächsstrategie. Wer dem nachgibt, hat schon verloren.

Deshalb: Achten Sie immer auf eine ausreichende räumliche Distanz zum Gegenüber, je größer desto besser! Schauen Sie vor Ihrem Gegenüber nicht devot auf den Boden, blicken Sie diesen an, aber starren Sie auch nicht. Das eine Beispiel signalisiert Unterlegenheit, das andere kann zusätzliche Aggressionen auslösen. Es gibt Menschen, die können anderen nicht in die Augen schauen. Sollten Sie dazu gehören, blicken Sie dann ab und an auf die Nasenwurzel. Der kleine Unterschied wird nicht bemerkbar sein. Erkundigen Sie sich vor dem Gespräch nach den kulturellen Gepflogenheiten von Menschen mit anderen sozialen Prägungen. Ein Blickkontakt kann dann mitunter schnell falsch verstanden werden. Viele Streitereien mit schrecklichen Folgewirkungen entstehen aus Missverständnissen heraus.

Sprechen Sie bei offener Tür mit den Eltern, wenn Sie bereits im Vorfeld spüren, dass Ihnen ein schwieriger Termin bevorsteht. Eine andere Möglichkeit ist, das Gespräch in den Vorbereitungsraum zu verlagern und einen anderen Kollegen zu bitten, dort als Zeuge »zufällig« anwesend zu sein.

Im Konfliktfall halten Sie **mindestens** zwei Armlängen Abstand, mehrere Meter sind besser! Das wird aber in beengten Räumlichkeiten nicht immer möglich sein. Sitzen oder stehen Sie immer so, dass Ihnen der (so kurz wie mögliche) Fluchtweg vom Gesprächspartner oder der Anordnungen von Möbeln nicht verstellt wird. Lassen Sie sich auf keinen Fall in eine Ecke drängen! Zögern Sie nicht, gegebenenfalls Ihre Stimme laut einzusetzen, wenn Sie bedrängt oder angegriffen werden. Lassen Sie Ihre Hemmungen fallen, machen Sie auf sich aufmerksam.

Achten Sie auch im täglichen Umgang auf einige grundlegende Sicherheitsmaßnahmen. Verteilen Sie nicht unnötig Ihre Handynummer und andere Daten. Das betrifft die Wohnanschrift, private E-Mail-Adresse u. ä., auch Lehrer werden Opfer von Cybermobbing!

---

75 In der westlichen Welt gelten nach dem US-Antropologen Edward T. Hall folgende Werte:
0,60 m intime Zone, 0,60 – 1,20 m persönliche Zone, 1,20 – 3,60 soziale Zone, über 3,60 m öffentliche Zone

Haben Sie einen Plan, wenn Sie persönlich angegriffen werden oder wirkt in Ihnen die vagotone Schockphase,[76] die Sie bis zu 20 Sekunden erstarren lassen kann? Beschäftigen Sie sich ab und an mit dem Gedanken, dass es auch ein »erstes Mal« für Sie geben kann. Dann ist es gut, einen Plan zu haben und kein klassisches Opfer zu sein. Sind Sie in der Lage, einen Ordner, das Klassenbuch oder Laptop bzw. Kugelschreiber zur körperlichen Verteidigung einzusetzen? Damit schützen Sie bei einem Schlag empfindliche Körperstellen, zum Beispiel den Kopf. Danach nutzen Sie die Gegenstände als Verlängerung Ihres Armes, stoßen damit zu, um anschließend lautstark aus dem Zimmer zu flüchten. Viele Alltagsgegenstände eignen sich hervorragend als Abwehr- und Angriffsmittel. Der Schnelle frisst den Langsamen, nicht der Starke den Schwachen. Somit schaffen Sie ein Überraschungsmoment das Ihr Leben und körperliche Unversehrtheit retten kann.

Das brauchen Sie alles nicht, weil Ihnen noch nie etwas passiert ist? Mag sein, dass das bis heute so war. Irgendwann passiert das bisher für unmöglich Gehaltene ein erste Mal, für einige bedauerlicher Weise auch das letzte Mal. Bauen Sie vor, denn das ist gar nicht so schwierig. Das Wissen um Ihre eigenen Möglichkeiten wird Sie gelassener in Situationen gehen lassen. Sie werden in Ihrer Interaktion selbstbewusster und wehrhafter wirken. Die ist die beste Abschreckung für potentielle Aggressoren.

Am 13.12. 2019 griff in Duisburg ein Vater (39) den Hausmeister (52) und die Schulleiterin (47) tätlich an und schlug diese krankenhausreif, nachdem sein Sohn (8) vom Jugendamt abgeholt wurden war. Der Junge soll Misshandlungen seines Erzeugers ausgesetzt gewesen sein. Dem körperlichen Angriff war nach einem Polizeisprecher eine verbale Auseinandersetzung vorangegangen.[77]

Schulen sind kein rechtsfreier Raum. Wenn Sie Opfer einer Straftat werden, ist es Ihr verbürgtes Menschenrecht, bei der Polizei Strafanzeige zu erstatten. Die Würde des Menschen ist unantastbar. Kein Schulamt, kein Schulleiter kann Ihnen das verwehren.

---

76 Handlungs- und Bewegungsstarre, nach einem überraschenden Gefahrenereignis (bildhaft: wie das Kaninchen vor der Schlange)

77 Der Westen, Duisburg: Vater schlägt Schulleiterin und Hausmeister zusammen – aus diesem Grund, vom 13.12.2019, https://www.derwesten.de/staedte/duisburg/duisburg-vater-schlaegt-schulleiterin-und-hausmeister-zusammen-aus-diesem-grund-id227911133.html, eingesehen am 13.12.2019

Werden Sie von Kollegen gemobbt, dann ist bereits klar, dass mit der Führung und Leitung der Schule etwas nicht stimmt. Führungskräfte, die konsequent dagegen einschreiten, werden solche menschlichen Verhaltensanomalien nicht aufkommen lassen. Um es vorweg zu nehmen, mobbt der Rektor bzw. Schulleiter selbst (sog. Bossing) können Sie selbstverständlich versuchen, alle rechtlichen Möglichkeiten auszuschöpfen: Zum Personalrat und der Gewerkschaft gehen (erwarten Sie von dort, außer Rechtsschutz für einen Anwalt, besser keine tatsächliche Hilfe, nur Ausnahmen bestätigen diese Regel), sich an die Schulbehörde oder das Ministerium wenden. Sie werden es ahnen, der Erfolg wird auf sich warten lassen. Man wird zielgenau Sie als das eigentliche Problem ansehen und nicht den Chef oder die Kollegen. Vielleicht haben Sie Glück, denn wenn der betreffende Leiter schon lange auf der Abschussliste steht und man nur noch auf einen ordentlichen Grund wartet, dann wird man Sie zum Kronzeugen ernennen. Freuen Sie sich nicht zu früh, denn Sie werden nur benutzt. Ist der unfähige Rektor abgelöst, werden Sie bei Ihren Kollegen als Schuldiger und Anschwärzer dastehen. Diese Darstellungen lesen sich wenig erfreulich, sind aber so oft in der Praxis zu finden, dass ich Sie abbilde, damit Sie gewappnet sind. Natürlich können Sie auch einen Vorgesetzten strafrechtlich anzeigen oder mit Anwaltsschreiben belasten. Sie werden damit nicht viel erreichen, außer dass der »Unruhestifter« versetzt wird, weil der Betriebsfrieden gestört und eine vertrauensvolle Zusammenarbeit nicht mehr möglich wäre. Wehrt sich das Opfer aktiv, wird diesem die Rolle eines Querulanten zugewiesen werden. Hinter all diesen typischen Verhaltensweisen stecken Desinteresse und Unfähigkeit, Probleme durch die übergeordneten Institutionen so zu klären, dass jeder sein Gesicht wahren kann. Manchmal spielt auch Böswilligkeit eine Rolle, bei den Mobbern sowieso. Bei diesem Systemmobbing werden sich bald alle einig sein, Mobber, Vorgesetzte, übergeordnete Behörden und Einrichtungen. Es ist immer viel einfacher, ein einzelnes Opfer zu entsorgen, als einmal genauer hinzuschauen. Dann müsste man zugeben, dass mit dem Schulleiter eine falsche Personalentscheidung getroffen wurde, dass Arbeitsüberlastungen durch unbesetzte Stellen und Inkompetenz in der Führung vorliegen, dass die Arbeitsabläufe chaotisch sind und Ellenbogenmentalität die Zusammenarbeit bestimmt. Unorganisiertes und defizitäre Gegebenheiten, durch fehlende materielle und personelle Ausstattungen, spülen Personen mit narzisstischen oder soziopathischen Eigenschaften nach oben.

Solche »Superstars« geben dann den Ton als Meinungsführer in einem Team an. Wo sich Privilegien breit machen, braucht es auch Verlierer, damit die Waage im Lot bleibt. Diese bedauernswerten Prügelknaben nehmen dann eine wichtige stabilisierende Funktion ein, denn ein gemeinsames Feindbild festigt auf Kosten des Geschundenen die Gruppe. Wer als Vorgesetzter Mobbing duldet, verstößt auch gegen das Arbeitsschutzgesetz, denn der Arbeitgeber hat seine Mitarbeiter vor solchen menschenfeindlichen Übergriffen zu schützen. Papier ist geduldig. Ein verbeamteter Schulleiter oder ein Polizeidirektor, der von Mobbinghandlungen Kenntnis hat und nicht einschreitet, begeht darüber hinaus eine beamtenrechtliche Verfehlung, dass ein Disziplinarverfahren zur Folge haben muss, bzw. müsste (konjunktiv, da es in der Praxis oftmals ausbleibt). Erst recht, wenn er selber mobbt: »Wird eine Beamtin im Dienst von einem Vorgesetzten systematisch und fortgesetzt schikaniert und beleidigt (Mobbing) haftet der Dienstherr für die dadurch entstehenden Schäden nach Amtshaftungsgrundsätzen. Der mobbende Beamte selbst haftet nicht unmittelbar.«[78] Alle Ansprüche richten sich damit gegen den Dienstherrn, weil auch ein Vorgesetzter oder die Kollegen hoheitlich mobben. Der Arbeitgeber kann den mobbenden Angestellten oder Beamten allerdings in Regress nehmen.

Noch wichtiger ist jedoch, die eigene Gesundheit zu erhalten. Deshalb ist es immer eine Pflicht, sich nicht nur anwaltlich beraten und vertreten zu lassen, sondern auch therapeutische Unterstützung zu suchen. Schaffen Sie sich ein eigenes Netzwerk aus Helfern und Unterstützern. Erwarten Sie jedoch keine Wunder, was Ihre Arbeitssituation betrifft. Für die meisten Arbeitnehmer verbleibt nur eine klassische Lösung, nämlich »freiwillig« den Arbeitsplatz zu wechseln. Problematisch kann es werden, wenn man im gleichen Ministerium oder Unternehmen verbleibt. Hat man erst einmal die Chefetagen verärgert, weil man es gewagt hatte, sich zu wehren, wird das Trauma weitergehen. Auch die Leiter sind gut vernetzt und halten als Notgemeinschaft fest zusammen, wenn es gegen einen gemeinsamen Gegner geht (Dort wo die Luft dünner wird mobbt man sich auch gern untereinander.). Bevor Sie den neuen Arbeitsplatz erreichen, sind Sie deshalb bereits als Querulant und Denunziant abge-

78 Bundesgerichtshof.de, Beschluss vom 01.08.2002 des Bundesgerichtshofes – III ZR 2 77/01, http://juris.bundesgerichtshof.de/cgi-bin/rechtsprechung/document.py?Gericht=bgh&Art=en&nr=21749&pos=0&anz=1, eingesehen am 24.08.2019

stempelt. Das als Neuer zu entschlüsseln, ist schwierig, da man natürlich nicht sagen wird, dass man Sie bereits mit vielen Vorurteilen vor Ihrer Ankunft eingeordnet hat. Nutzen Sie trotzdem Ihre Chance, denn in Teams, in denen die Zusammenarbeit stimmt, wird man bald merken, dass Sie keineswegs so sind, wie man sie angekündigt hat. Früher oder später wird Ihnen ein Kollege berichten, mit welchen Verächtlichmachungen man versucht hat, die Truppe gegen Sie aufzubringen. Kompetente Vorgesetzte, Chefs und Schulleiter werden solche Versuche der üblen Nachrede und Verleumdung von vornherein erst gar nicht zulassen.

Der Bundestag hat bereits 2017 die Bundesregierung aufgefordert, die Gesetzgebung zum Schutz der Arbeitnehmer zu verbessern. Hierzu hatten mehrere Abgeordnete von Bündnis 90/ Grünen einen Antrag eingebracht, den die Arbeits- und Verwaltungsgerichte als Gesetzesgrundlage erhalten sollen:

Ergreifen die Arbeitgeberinnen und Arbeitgeber keine oder offensichtlich ungeeignete Maßnahmen zur Unterbindung von Mobbing am Arbeitsplatz, sind die betroffenen Beschäftigten berechtigt, ihre Tätigkeit ohne Verlust des Arbeitsentgelts einzustellen, soweit dies zu ihrem Schutz erforderlich ist (Leistungsverweigerungsrecht).[79]

Sollten Sie gegen den Arbeitgeber betreffs Schadensersatz und Schmerzensgeldes klagen, rechnen Sie mit einer sehr schwierigen Beweisführung. Bei Cybermobbing hat man in der Regel eine relativ gute Chance, wenn der Sender der Belästigungen identifiziert ist. Ansonsten gilt, es wird sich kaum ein Kollege bereitfinden, gegen den oder die Täter auszusagen, denn man würde Gefahr laufen, dass die eigene Karriere beendet ist oder gar das nächste Opfer wird. Deshalb ist es auch wichtig, ein Mobbingtagebuch zu führen. Alles Relevante muss festgehalten werden. Es gibt allerdings Hoffnung auf Schmerzensgeld, denn die Gerichte urteilen zunehmend arbeitnehmerfreundlicher. Täter machen auch Fehler und hinterlassen unfreiwillige Spuren ihres verwerflichen Handelns. Lassen Sie sich nicht brechen, ziehen Sie das Verfahren vor Gericht durch. 2001 hat das Thüringer Landesarbeitsgericht in einem Urteil (AZ 5Sa 403/00) entschieden, dass Arbeitgeber dazu verpflichtet sind, ihre Mit-

---

79 Deutscher Bundestag – 18. Wahlperiode – 3 – Drucksache 18/12097, eingereicht am 25.04.2019 durch Fraktion Bündnis 90/Die Grünen

arbeiter und deren Persönlichkeitsrechte zu schützen. »Der Arbeitgeber macht sich in massiven und schädigenden Konfliktfällen nicht nur schuldig, wenn er aktiv mitwirkt, sondern auch, wenn er keine Maßnahmen dagegen ergreift.«, so der Rechtsanwalt Dr. Fabian Geyer, Geschäftsführer des Arbeitgeberverbandes Flensburg-Schleswig-Eckernförde.[80]

Dem Arbeitgeber stehen eine Vielzahl von Möglichkeiten zur Verfügung, den Mobber zu maßregeln. Deshalb sollte auf keinen Fall das Opfer, sondern der Täter aus dem Team entfernt werden. Weitere Möglichkeiten sind eine Ermahnung, Abmahnung, Freistellung oder Umsetzung bis hin zur Entlassung. Selbstverständlich müssen diese Maßnahmen rechts- und beweissicher ergriffen werden. Auch der Arbeitgeber kann sich hierzu Unterstützung durch die Betriebs- oder Personalräte organisieren.

6.4 Beispiele erfolgreicher Klagen

Folgendes Beispiel zeigen Klagen gegen die Willkürhandlungen von vorgesetzten Bediensteten, für die der Arbeitgeber bzw. Dienstherr einzustehen hat. Auch wenn kein Lehrer, stattdessen eine Verwaltungsbeamtin und eine Polizistin geschädigt waren, so handelt es sich um einen typischen Vorfall im Öffentlichen Dienst, der Mut machen sollte, sich zu wehren. Zitat.:

Beamtin hat wegen Mobbing Anspruch auf Entschädigung [81]

Das Verwaltungsgericht hatte über die Verletzung der Fürsorgepflicht gegenüber einer städtischen Beamtin zu entscheiden. Diese machte Ansprüche auf Schmerzensgeld wegen einer Persönlichkeitsverletzung und Schadensersatzansprüche geltend.

Die Klägerin war Leiterin eines Fachbereichs der Beklagten. Während ihrer durch Krankheit bedingten Abwesenheit reduzierte der Oberbürgermeister mittels Dienstanweisung die vorhandenen Fachbereiche von vier auf drei und setzte die Klägerin

---

80 Schleswig-Holsteinischer Zeitungsverlag GmbH & Co. KG, Konflikte und Mobbing im Büro – was der Arbeitgeber tun sollte, vom 08.12.2019, https://www.shz.de/tipps-trends/beruf-karriere/arbeitgeberverband/konflikte-und-mobbing-im-buero-was-der-arbeitgeber-tun-sollte-id23840942.html, eingesehen am 08.12.2019

81 Verwaltungsgericht Halle – Pressemitteilung Nr.: 009/2019, Halle (Saale), den 25. April 2019, http://www.presse.sachsen-anhalt.de/index.php?cmd=get&id=902655&identifier=0d8fa20fb728cdcb6809505878c40e41, eingesehen am 19.10.2019

auf eine ‚Stabsstelle Recht' um. Das von der Klägerin genutzte Büro wurde geräumt und ihre Möbel und in den Schränken vorhandene Akten in einen im Dachgeschoss gelegenen Raum verbracht, der bereits vier Jahre zuvor durch das Landesamt für Verbraucherschutz als nicht sicher erreichbar bemängelt wurde, weil es lediglich durch eine steile Treppe sowie eine Leiter zu erreichen war. In einem von der Klägerin erhobenen vorläufigen Rechtsschutzverfahren verpflichtete das Verwaltungsgericht die Beklagte dazu, die Klägerin amtsangemessen zu beschäftigen. Da die Beklagte diesen Beschluss des Verwaltungsgerichts ignorierte, leitete die Klägerin ein Vollstreckungsverfahren ein. In seinem Beschluss vom 12. Dezember 2016 (Az.: 5 D 403/16 HAL) führte das Gericht aus, dass die der Klägerin übertragenen Aufgaben ihrem Dienstposten nicht amtsangemessen seien und die Aufgaben, die ausweislich der Stellenbeschreibung von ihr wahrgenommen werden, ihr nicht übertragen worden sind. (Diesen Beschluss hob das Oberverwaltungsgericht Magdeburg wegen der Versäumung der Vollziehungsfrist des § 929 Abs. 2 ZPO auf.)

Am 6. Oktober 2015 erhob die Klägerin Klage auf amtsangemessene Beschäftigung. Das Verwaltungsgericht Halle verpflichtete die Beklagte mit Urteil vom 9. Dezember 2015 (Az. 5 A 219/15 HAL), die Klägerin amtsangemessenen zu beschäftigen. Auch dieses Urteil bedurfte der Vollstreckung durch das Gericht (Beschluss vom 12. Dezember 2016 – 5 D 403/16 HAL). Aufgrund einer längerfristigen Erkrankung der Klägerin ordnete die Beklagte die Einholung eines amtsärztlichen Gutachtens zur Überprüfung ihrer Dienstfähigkeit an. Auf ihren Antrag auf Erteilung einer Anlassbeurteilung erstellte die Beklagte ein Dienstzeugnis für das Ende des Beamtenverhältnisses. Auf ihren Urlaubsantrag teilte der Oberbürgermeister mit, dass er den Urlaub genehmige, wenn ihre Arbeitsfähigkeit bis dahin wieder hergestellt sei. Der Personalrat der Beklagten äußerte in einer Presseerklärung, dass die Klägerin sich über Monate bei voller Besoldung in die Krankheit geflüchtet habe.

Die Klägerin wurde ab dem 16. Januar 2017 an einen anderen Dienstherrn abgeordnet, wo sie ihren Dienst aufgenommen hat und zu dem sie in der Folgezeit versetzt wurde.

Das Verwaltungsgericht Halle hat die Beklagte zur Zahlung von Schmerzensgeld in Höhe von 23.000,00 EUR sowie zum Ersatz aller materiellen Schäden, die der Klägerin in den Jahren 2014 bis 2016 entstanden sind, verurteilt und dies damit begründet, die Klägerin habe durch das Mobbing durch den Oberbürgermeister eine Persönlichkeitsverletzung sowie eine Gesundheitsschädigung erlitten, die durch die Schmerzensgeldzahlung auszugleichen seien. Bereits die Verringerung der Fachbereiche sei eine gegen die Klägerin gerichtete Maßnahme gewesen. Ihre Umsetzung sei als Schikane zu ver-

stehen, durch die ihr ein deutlich geringwertigerer Aufgabenbereich zugewiesen worden sei. Hierzu sei sie nicht angehört worden. Die Umsetzung sei ihr lediglich telefonisch angekündigt worden, »damit sie es nicht aus der Presse erfahre«. Ihr sei ein unwürdiges Büro zugeteilt worden, bei dem es sich um den nach außen dargestellten Abstieg der Klägerin aus der Führungsebene und damit einen sinnfälligen Ausdruck ihrer Degradierung gehandelt habe. Das übergeordnete Ziel des Oberbürgermeisters sei aus der Erteilung des Dienstzeugnisses deutlich geworden. Statt der angeforderten Anlassbeurteilung habe er der Klägerin das Ende ihres Beamtenverhältnisses bescheinigt.

Es gibt ein weiteres Urteil, bei dem eine Polizeibeamtin gegen den Dienstherrn erfolgreich vorgegangen ist. Einzelne erhebliche Schikanen und Mobbingattacken sind nach meiner Erfahrung bei der Brandenburgischen Polizei ein illegales aber existierendes Führungsinstrument. Auch dieses Urteil möchte ich Ihnen deshalb nicht vorenthalten.

Vorher habe ich noch einige Fragen: Sie haben aufgrund einer dienstlichen Maßnahme einen Nervenzusammenbruch erlitten? Sie bekommen Depressionen oder andere schwere gesundheitliche Erkrankungen, die im kausalen Zusammenhang mit Mobbing und Schikane stehen? Lassen Sie sich das umgehend von einem Arzt attestieren, stellen Sie eine Dienstunfallanzeige! Achten Sie darauf, dass die Anerkennung als sogenannter »Qualifizierter Dienstunfall« erfolgt. Das erhöht Ihren Anspruch auf den Ihnen dadurch zustehenden Schadenersatz. Sie bekommen deshalb ein schlechtes Gewissen? Warum? Das haben die Täter und die sich wegduckenden Verantwortlichen Ihnen gegenüber auch nicht gehabt. Gleiches gilt für diese Personen, wenn sich einer der gemobbten Mitarbeiter suizidierte. Bestenfalls wird nach außen hin so getan, als ob man ein Bedauern empfände. Kämpfen Sie lieber um Ihr gutes Recht!

Nervenzusammenbruch einer Polizeivollzugsbeamtin nach (ihrer eigenen) Durchsuchung in der Dienststelle ist als Dienstunfall anzuerkennen: [82]

Das Verwaltungsgericht Potsdam hatte auf die Klage einer (…) Beamtin das Polizeipräsidium des Landes Brandenburg dazu verpflichtet (Urteil vom 30.05.2012 – VG 2 K 58/09),

82 Dombert.de, Öffentlicher Dienst | Meldungen | Prof. Dr. Klaus Herrmann, vom 12.03.2014, https://www.dombert.de/nervenzusammenbruch-einer-polizeivollzugsbeamtin-nach-ihrer-eigenen-durchsuchung-in-der-dienststelle-ist-als-dienstunfall-anzuerkennen/, eingesehen am 12.04.2019

den dem Verfahren zugrunde liegenden Geschehensablauf als Dienstunfall anzuerkennen. Das Oberverwaltungsgericht Berlin-Brandenburg hat jetzt den Antrag des Polizeipräsidiums auf Zulassung der Berufung gegen das Urteil abgelehnt (Beschluss vom 24.02.2014 – OVG 4 N 48.12).

Nach den jetzt bestätigten Feststellungen des Verwaltungsgerichts wurde die Beamtin im Zusammenhang mit einem in ihrem Umfeld geführten Ermittlungsverfahren trotz Krankschreibung zum Erscheinen in der Dienststelle aufgefordert. Dort wurde sie im Beisein der ermittelnden Beamten des Landeskriminalamtes erstmals mit den Ermittlungen konfrontiert. In Anwesenheit ihres Vorgesetzten erfolgte sodann eine Durchsuchung der Handtasche der Beamtin und – in einem Nebenraum – ihre körperliche Durchsuchung. Diese Durchsuchungen blieben ebenso erfolglos wie die im Anschluss daran durchgeführte Durchsuchung der Wohnung und des Privat-PKWs durch die Beamten des LKA. Das Ermittlungsverfahren wurde schließlich wenige Monate später gem. § 170 Abs. 2 StPO eingestellt und die Beamtin für die erlittenen Strafverfolgungsmaßnahmen entschädigt.

Wenige Tage nach dem Vorfall erlitt die Beamtin jedoch bei einem Arztbesuch einen Nervenzusammenbruch. Sie kehrte nicht mehr in den Dienst zurück. Nachdem der Dienstvorgesetzte die Anerkennung des Dienstunfalls abgelehnt hatte, verpflichtete ihn dazu das Verwaltungsgericht Potsdam. Durch die Einbestellung der Beamtin in die Dienststelle habe der Dienstherr das Risiko, dass sich bei der Anwesenheit in der Dienststelle ein Unfall ereignet, übernommen. Aufgrund der Äußerungen von Vorgesetzten der Beamtin nahm das Verwaltungsgericht auch für die in den Diensträumen durchgeführten Durchsuchungsmaßnahmen des Landeskriminalamtes einen dienstlichen Bezug an. Aufgrund einer medizinischen Begutachtung der Beamtin stand bereits fest, dass die psychische Erkrankung auf die in der Dienststelle erlittenen Strafverfolgungsmaßnahmen zurückzuführen war.

Die vom Polizeipräsidium beantragte Zulassung der Berufung wurde vom Oberverwaltungsgericht Berlin-Brandenburg nicht gewährt.

Gegen diese Polizeibeamtin wurde nicht ermittelt, sondern ihr wurde eine Falle gestellt. Jeder Tatverdächtige hat Rechte im Strafverfahren, die man dieser Polizistin vorenthalten hat. Die Strafe für den Dienstherrn ist deshalb richtig und verdient. Hier wurden nicht nur Gesetze schwer missachtet, sondern auch auf eine beeindruckende Weise bewiesen, wie man mit Mitarbeitern nicht umgehen darf. Dass Menschen durch psychische Folter einen Nervenzusammenbruch erleiden, ist mehr als nur nachvollziehbar. Dass das Polizeipräsidium in Potsdam den Fall anders sah und in Berufung gehen wollte, spricht Bände. Denn Geschädigte zu weiteren Prozessen zu nötigen, ist eine zusätzliche destruktive Maßnahme von Arbeitgebern, die Opfer gesundheitlich und finanziell schwer belasten. Dementsprechend kann sich auch der Außenstehende vorstellen, welche ungeschriebenen Gesetze bei der Mitarbeiterführung vorherrsch(t)en.

Nicht jede Klage ist von einem Erfolg gekrönt, nicht weil kein Mobbing vorliegt, sondern weil die Beweisführung so schwierig ist und für die Betroffenen eine unglaubliche psychische Beanspruchung mit einem Prozess verbunden ist. Als letztes Mittel verfügt jeder Geschädigte über das sogenannte »Recht auf Gegenschlag.« Das ist ausdrücklich zulässig, wenn der Dienstherr eine Reputation öffentlich und intern verweigert. Gehen Sie an die Öffentlichkeit, wie es zum Beispiel Ursula Sarrazin getan hat. Ich möchte dabei weder Frau Sarrazin noch die Vorfälle bewerten. In ihrem Buch[83] nannte sie die Täter und Verweigerer öffentlich mit Namen, Dienststellung und Dienstort. Das ist zulässig und rechtssicher, darauf hat sie gleich selbst aufmerksam gemacht. Allerdings muss in den Formulierungen darauf geachtet werden, dass Dinge beschrieben werden, die den Tatsachen entsprechen. Ansonsten darf man seine Meinungen als eigene subjektive Wahrnehmung ohne Weiteres darlegen, solange man sich dabei selbst nicht zu diversen Verleumdungen oder emotionalen Rachefeldzügen hinreißen lässt. Holen Sie sich die Presse nach Hause, das wird ihrem Arbeitgeber mit Sicherheit nicht gefallen und Wirkung erreichen.

6.5 Einschreiten von Lehrern bei Mobbing an Schülern

Für die Beobachtung von Fällen, die von normalen zwischenmenschlichen Konflikten zum Mobbing übergehen, müssen Sie sensibilisiert sein. Greifen Sie so früh wie möglich ein, informieren Sie die anderen Lehrer über die Vorkommnisse, schaffen Sie sich einen einheitlichen Standpunkt im Umgang mit den Mobbern und zum Schutz für den Gemobbten.

83 Ursula Sarrazin, Hexenjagd: Mein Schuldienst in Berlin, Seite 14, Verlag Diederichs, 2012, eingesehen am 30.05.2019

Verständigen Sie sich mit dem Schulsozialarbeiter bzw. mit dem Schulpsychologen. Die Träger der Sozialarbeiter (zum Beispiel die Techniker Krankenkasse) haben an einigen Schulen einen sogenannten Mobbingkoffer. Darin sind Module für einen Unterricht enthalten:

- Praxisnahe, erprobte Anleitungen für eine Projektwoche gegen Mobbing (einschließlich des Aspekts Cybermobbing),
- vier Filme,
- ein umfangreiches Handbuch sowie
- Informationsmaterialien für Eltern.[84]

Leider führen diese Koffer an vielen Schulen ein Schattendasein und verstauben in irgendwelchen Abstellkammern oder werden bei der Sekretärin geparkt.

Im Lehrerberuf finden immer mehr Seiten- und Quereinsteiger eine berufliche Heimat. Das muss nicht immer ein Nachteil sein. Es gibt schlechte Pädagogen, die den Namen nicht verdienen und fähige Lehrer ohne pädagogische Ausbildung. Mitunter hängt der Umgang mit der Mobbingproblematik von den eigenen Primärtugenden ab, weniger vom Studium oder der Ausbildung. Interesse für das Thema, Empathie und Beobachtungsgabe, das Brennen für den eigenen Beruf (nicht das Ausbrennen) wiegen oftmals mehr als Teilnahmebescheinigungen von Fortbildungen oder Diplome bzw. Master an der Wand. Trotzdem sollten sich Lehrer zielgerichtet nach diesbezüglichen Möglichkeiten erkundigen, um ihre Kompetenzen auszubauen.

Um Cybermobbing oder unerwünschte Ablenkungen einzudämmen, gibt es eine Reihe verschiedener Möglichkeiten. So sammeln zur Unterrichtszeit an einigen Schulen Lehrer die Handys zu Beginn des Unterrichts ein. Diese Maßnahme ist sehr wirkungsvoll, aber zugleich auch ein großer und pauschaler Eingriff in die Privatsphäre der Schüler. Andere Schulen vertrauen darauf, dass aufgestellte Regeln eingehalten werden. Im Endeffekt geht es vor allem darum, dass gerade bei kleineren Kindern (bis 10 Jahre) Erwachsene vermitteln, wie mit den Medien umgegangen wird. Diesbezüglich war ich als Polizeibeamter in zahlreichen Klassen, um mit

---

84 Initiative Mobbingfreie Schule – gemeinsam Klasse sein!, (TK, MBJS), https://bildungsserver.berlin-brandenburg.de/themen/gewaltpraevention/mobbing/mobbingfreie-schule/?L=0, eingesehen am 13.12.2019

den Schülern bis hin zum Thema Cybermobbing bestehende Möglichkeiten und Gefahren zu besprechen. Schülern sollten ihr aktives Bewusstsein nicht nur für die wunderbare Welt des Internets entwickeln. Das beinhaltet jedoch auch die persönliche Vorsorge dahingehend, dass man kein Opfer von Missbrauch wird und andererseits, keine Belästigungen etc. gegenüber Mitschülern selbst zu begeht.

Es muss nicht immer die Polizei oder der Lehrer selbst sein, auch der CHAOS-COMPUTER-CLUB ist gern bereit, an die Schulen zu kommen, um die Medienkompetenz zu erweitern. Da einmal keinmal ist und Halbwissen kein Wissen, besteht danach durch die Lehrer die Pflicht, das Thema immer wieder einmal in das Bewusstsein zu rücken und das nicht nur bei Anlässen und Vorkommnissen. Weitere Ausführungen hierzu im Kapitel 7.

Auch die Einbeziehung älterer Schüler in die Pausenaufsicht ist eine wesentliche Erleichterung für die Lehrkräfte und schafft zusätzlich ein Anti-Gewalt-Bewusstsein. In Schweden sind an zwei Tagen im Jahr sogenannte Schulprojekte, der sich »Zusammen-Tag« nennt. Dabei werden die Klassen gemischt. Alle Altersgruppen von der ersten bis zur neunten Klassen bilden gemeinsame Gruppen und bearbeiten auch das Thema Mobbing und Cybermobbing. Dabei werden die älteren Schüler mit einer größeren Aufgaben betraut. Überhaupt ist zu sagen, dass Verantwortungsübertragung auch für Opfer die beste pädagogische und therapeutische Hilfestellung ist. Dabei besteht die Chance, durch die Schaffung von Erfolgsergebnissen das Selbstbewusstsein von Betroffenen wieder aufzubauen. Das erfordert die Begleitung eines Erwachsenen und viele positive Rückmeldungen ebenso aus der Klasse oder Gruppe, einschließlich älterer Schüler.

Schaffen Sie sich in der Schule einen Hund an, den eine zuverlässige Person verantwortlich führt. Es gibt bereits mehrere deutsche Schulen, die diesen Weg erfolgreich gehen. Die Schüler sind im Unterricht wesentlich ruhiger. Der Hund sorgt auch auf dem Schulhof für Ordnung und Ruhe. Vor allem wird durch den Umgang mit einem Tier nicht nur die soziale Reife befeuert (Verantwortungsbewusstsein, Beziehungsaufbau), sondern Sensibilität, Rücksichtnahme und Empathie gefördert. Ein Hund reagiert sofort auf menschliches Verhalten und ist fähig, menschliche Gefühle zu entschlüsseln. Ein Hund wird allerdings nicht an jeder Schule möglich sein.

Apropos Schulhof ob mit oder ohne Hund: Viele Straftaten haben sich vom Schulhof in das Internet verlegt. Aber selbst diese Taten werden der Polizei kaum angezeigt. Der schöne Schein einer statistisch sinkenden Jugendkriminalität täuscht, die Sektkorken dürfen deshalb getrost auf der Flasche im Kühlschrank verbleiben. Um nicht ertappt zu werden, kann man sich hervorragend hinter dem Bildschirm des Computers oder dem Handy verstecken. Im Prinzip geht es lediglich um die Vermittlung sozialer Kompetenzen. Währenddessen jeder zweite Abiturient keine herkömmliche Hochschulreife mehr aufweist und ein Drittel aller Hochschulabsolventen in der Probezeit scheitert, wird stattdessen im Kindergarten und der Schule viel Wert auf die Vermittlung von Sekundärtugenden gelegt. Offensichtlich haben wir Erwachsene uns vor allem sehr verändert.

6.6 Konkrete Verhaltensweisen für Eltern

Wie im Kapital »Bedeutung des Elternhauses und des unmittelbaren sozialen Umfeldes« schon erwähnt, ist eine sichere und stabile Bindung zwischen Kindern und Eltern die Grundlage zum Aufbau einer stabilen Persönlichkeit. Dieses psychologische Immunsystem ist in der Lage, durch ein selbstsicheres und sozialkompetentes Auftreten die richtige Mischung von Selbstbehauptung, Durchsetzungsvermögen und Teamfähigkeit zu entwickeln. Leider ist das nicht allen Kindern möglich, da es manchen Eltern selbst an diesen Eigenschaften fehlt. Dazu sind viele Eltern im Alltag gestresst und jagen von einem Termin zum nächsten. Übernehmen Sie nicht die Führung mit Ratschlägen, Anweisungen oder Erzählungen aus dem eigenen Leben. Das könnte dazu führen, dass sich Ihr Kind schnell verschließt. Ermuntern Sie es, eigene Gefühle preiszugeben, Ängste, Freuden oder legitime Gleichgültigkeit gegenüber dem Erlebten. Seien Sie ein empathischer Zuhörer. Machen Sie Ihr Kind nicht zum Spiegelbild Ihrer selbst. Erwarten Sie nicht, dass Ihr Kind Leistungen vollbringt, die Sie nicht einmal ansatzweise selbst erreicht haben. Somit würden Sie Ihrem Nachwuchs einer fröhlichen Kindheit berauben. Lassen Sie Freiräume für ein eigenverantwortliches Spielen ohne Vorgaben, damit sich die Nervenzellen im Gehirn neu verknüpfen können. Kinder sind keine kleinen Menschen, die gedrillt werden müssen.

Wenn ihr Kind merkt, dass es aktiven Einfluss auf sein Verhalten und das seiner Umwelt bekommt, wird sich das sehr positiv als Schutzschild gegen Mobbing, Missbrauch und andere Gewaltformen auswirken. Dann entwickelt sich eine selbstbestimmte Persönlichkeit mit einer guten psychischen Reife. Das heißt aber nicht, dass Kinder keine Regeln benötigten. Setzen Sie Grenzen, in denen sich Ihr Kind sicher und eigenverantwortlich bewegen kann. Erklären Sie diesen Rahmen so, dass es das Kind verstehen kann und es nicht als Dogma begreift, dem es widerstandslos zu folgen hat. Lassen Sie Ihren Zöglingen genügend Freiräume, achten Sie darauf, dass sie nicht vor dem Fernsehgerät geparkt werden oder den ganzen Tag mit dem PC oder Handy beschäftigt sind.

Schicken Sie das Kind zum Sport, wo Ihr Nachwuchs bemerkt, wie es seine Muskulatur gewinnbringend einsetzen kann. Das Bewusstsein, mit einer körperlichen Leistung etwas Positives zu erreichen, ist für die Entwicklung eines gesunden »Ich's« unerlässlich. Haben Sie zusammen Spaß, rennen Sie gemeinsam um die Wette, spielen Sie Tischtennis oder Karten zusammen, organisieren Sie Erfolgserlebnisse.

Sorgen Sie gleichzeitig für einen sicheren Verhaltensrahmen im Tagesablauf, nutzen Sie diese Zeit für Gespräche.

Nehmen Sie sich mit dem Kind die Zeit, mit ihm über dessen Tageserlebnisse zu sprechen. So wächst das Vertrauen zwischen Ihnen und Ihr Kind wird ungefragt von erlebten Gefahren berichten. Fragen Sie Ihr Kind, wie es auf solche Situationen reagiert hat. Loben Sie die aus Ihrer Sicht richtigen Handlungen. Fragen Sie Ihr Kind bei Schwierigkeiten nach alternativen Verhaltensweisen. Verzichten Sie hierbei darauf, zu tadeln. Dadurch bauen Sie weder ein Vertrauensverhältnis auf noch ändern Sie damit ein unerwünschtes Betragen. Machen Sie stattdessen Handlungsvorschläge und finden Sie gemeinsam mit Ihrem Kind geeignete Strategien zur Gefahrenabwehr. Auf diese Weise wächst das kindliche Selbstbewusstsein, da Ihr Nachwuchs in die Lösungsfindung einbezogen wurde.«[85]

Mitunter bestehen auch Unsicherheiten darüber, wie man so ein Gespräch anfängt. Stellen Sie Ihrem Kind hierzu offene Fragen,[86] damit es

85 Steffen Meltzer, SO SCHÜTZEN SIE IHR KIND! Polizeitrainer vermittelt Verhaltensrichtlinien zur Gewaltabwehr, Kapitel: Das tägliche Gespräch, Seit 85, 2. Auflage, Ehrenverlag 2019, eingesehen am 13.12.2019

86 lAuf geschlossenen Fragen lautet die Antwort nur »Ja« oder »Nein«, z. B.: »Gibt es etwas Neues?«. Bei offenen Fragen können in der Antwort die gesamten Umstände einfließen, z. B.: Was gibt es Neues?«.

reden kann, auch seine über den Tag angesammelten Emotionen abbaut. Schon sind Sie mitten im Gespräch. Bewertungen sind in einer Konversation die Gesprächskiller Nummer eins. Fühlen sich Kinder angenommen, erarbeiten sie sich meistens auch selbst reale Lösungsvorschläge. Sie kennen das auch wenn Sie einmal Kummer haben, so bringt ein Gespräch mit einem vertrauten Menschen von ganz allein Entlastung und den gedanklichen Ausweg aus der Situation. Bestärken Sie Ihr Kind für eine selbst erarbeitete Lösung! Fragen Sie zu gegebener Zeit noch einmal nach, welche Entwicklung das Problem genommen hat und konkretisieren Sie auf diese Art gemeinsame Handlungs- und Verhaltensalternativen. So hat Ihr Zögling die Möglichkeit, in seiner Persönlichkeit zu wachsen. Wenn Ihr Kind somit feststellt, dass es an seinem eigenen Schicksal mitwirken kann, ja sogar gewünschte Änderungen eintreten, wird daraus ein physisch und psychisch gesunder Mensch, der seine Mitwelt erfreut und mit sich im Reinen ist.

Ist dagegen Mobbing eingetreten, heißt es zu schützen! Dann sind die Kräfteverhältnisse derartig ungleich, dass ein Kind oder selbst ein Erwachsener ohne Hilfe auf verlorenem Posten steht. Dann heißt es in den Geschehensablauf konsequente einzugreifen, um die Handlungen **sofort** zu stoppen.

6.7 Verzeichnis weiterer Hilfe und Unterstützung

(Doppelnennungen beabsichtigt)

Kinder und Jugendliche

- »Nummer gegen den Kummer«[87], Tel.: 116111, (Für Kinder und Jugendliche, Mo. – Sa.: 14 – 20 Uhr)
- www.nummergegenkummer.de
- »Kinder in Not«, Tel.: 0800 1110333 (anonym und kostenlos, jeweils Mo. – Sa.: 14 – 20 Uhr, Beratung erfolgt durch Jugendliche)

- Info-Telefon Depression: 0800 3344533 (Mo./ Di./ Do.: 13 – 17 Uhr, Mi. / Fr.: 8.30 – 12.30 Uhr)
- Hilfe bei Cybermobbing, WhatsApp-Stress & Co Onlineberatung von Jugendlichen für Jugendliche: www.juuuport.de/beratung/
- Freunde fürs Leben helfen, Suizide zu verhindern: www.frnd.de/
- Online-Jugendberatung bei Lebenskrisen: https://www.youth-life-line.de/
- Onlineberatung: Bundeskonferenz Jugendberatung, kostenlos, anonym: https://jugend.bke-beratung.de/views/home/index.html
- bis 19 Jahre sofortige Hilfe: www.jugendnotmail.de/
- www.schueler-gegen-mobbing.de/ (von ehemaligen Mobbingopfern gegründete Schülerinitiative)
- Kindernotdienst bis 14 Jahre, hier stellvertretend Berliner Telefonnummern ff. 030 6100 61
- Jugendnotdienst ab 14 Jahre, Tel.: 030 610062
- Mädchennotdienst, Tel.: 030 610063
- Hotline Kinderschutz, Tel.: 030 610066
- Vertrauenslehrer
- Schulsozialarbeiter
- ältere Schüler

87 Nummer gegen Kummer e.V., Hofkamp 108, 42103 Wuppertal, Telefon: 020 2590590, Telefax: 0202 25905919

Erwachsene/ Kinder/ Jugendliche

- Elterntelefon: 0800 1110550
  (Mo. – Fr.: 9 – 11 Uhr, Di. / Do.: 17 – 19 Uhr)
- Info-Telefon Depression: 0800 3344533
  (Mo./ Di./ Do.: 13 –17 Uhr, Mi. / Fr.: 08.30 – 12.30 Uhr)
- Telefonseelsorge: 0800 1110111 (evangelische Kirche) oder 0800 – 1110222 (katholische Kirche), oder 116123, ebenfalls anonym und kostenlos
- www.telefonseelsorge.de/ Hilfe als Chat, Email oder »vor Ort«
- Österreich, Telefonseelsorge, 142, kostenfrei und 24 h / Tag
- Schweiz, Telefonseelsorge, 143, 24 h / Tag
- das Opfer-Telefon des Weißen Rings: 116006 (täglich: 7 – 22 Uhr)
- Onlineberatung: Bundeskonferenz Elternberatung, kostenlos, anonym: https://eltern.bke-beratung.de/views/home/index.html
- Freunde fürs Leben helfen, Suizide zu verhindern: www.frnd.de/

Anti-Mobbing-Programme/Projekte (für Eltern und Schüler)

- »Fairplayer.Manual« (www.fairplayer.de)
- »Medienhelden«, www.medienhelden.info, Handbuch erhältlich
- Anti-Mobbing-Projekt »Gemeinsam Klasse sein«:
  www.gemeinsam-klasse-sein.de/anti-mobbing
- Lösungsorientierte Vorgehensweise bei Mobbing:
  www.no-blame-approach.de/no_blame_approach.html
- »Respekt Coaches/Anti-Mobbing-Profis«:
  www.jmd-respekt-coaches.de/

Weitere Angebote zu ähnlichen Themen

- anonym: Suizidgedanken bis 25 Jahre?
  Emailbegleitung: www.u25-deutschland.de/
- sexueller Missbrauch: beratung@hilfetelefon-missbrauch.de
- sexueller Missbrauch: 0800 2255530
  (Montag, Mittwoch und Freitag: 9 – 14 Uhr,
  Dienstag und Donnerstag: 15 – 20 Uhr)

- Jugend-Drogenberatung (z. B. in Hannover, 0511 701460)
- Landestelle Berlin für Suchtfragen e.V., Tel.: 030 34389160, info@landesstelle-berlin.de, www.landesstelle-berlin.de/
- Polizeiangebot für Kinder und Jugendliche: www.xn--polizeifrdich-3ob.de/
- Polizeiliche Kriminalprävention des Bundes und der Länder: www.polizei-beratung.de/startseite-und-aktionen/

Methodische Hinweise zur Unterrichtsgestaltung, Projekte und Trainings

7.1 Vorbereitung

7.1.1 Mobbing und Wahrnehmungsprozesse

Sie werden sich vielleicht fragen, warum ich Ihnen das Folgende beschreibe. Dabei lege ich Wert auf eine grundlegende Sensibilisierung zum Thema des sozialen Miteinanders von Menschen. Sie müssen deshalb keinesfalls gegenüber einzelnen ungeliebten Zeitgenossen plötzlich empathisch werden. Niemand ist perfekt. Auch Bildung, Intelligenz, Charakter und genetische Veranlagungen gehen nicht immer synchron einher. Da Schule nicht nur Wissen, sondern auch Sozialkompetenz ausbilden muss, möchte ich noch einmal nachdrücklich folgende unabdingbare Grundlagen vermitteln:

Allein die Erkenntnis, dass wir Menschen eine sehr unterschiedliche und individuelle **Wahrnehmung** besitzen, damit nicht der zu Kritisierende mit den »unangemessenen« grünen Haaren, sondern der Kritiker selbst das Problem hat, wird bereits einige Konflikte im Keime ersticken lassen. Durch die Wahrnehmung orientieren wir uns in unserem Umfeld und passen unser eigenes Verhalten vorzugsweise aufgrund dieser Orientierung an die Umwelt an.

Die amerikanischen Psychologen Philip G. Zimbardo und Richard J. Gerrig[88] teilen die Wahrnehmung in drei Stufen ein: Stufe I: Empfinden, Stufe II: Organisieren und Stufe III: Identifizieren und Einordnen (im Sinne von Wiedererkennen). Die Wahrnehmungspsychologie fokussiert sich dabei auf den subjektiven Teil der Wahrnehmung, also auf den des ‚Einordnens' oder auch ‚Perzeption' genannten.

Die Art und Weise, wie wir Eindrücke einordnen, hängt dabei natürlich stark von unseren biographischen, individuellen Erfahrungen ab. Deswegen kann die Bewertung desselben Bildes oder Sachverhalts bei verschiedenen Menschen auch so unterschiedlich ausfallen. Das betrifft gleichfalls das Verhalten anderer Personen. Unsere hormonelle und

---

88 Lern-psychologie.de, Einführung in die Wahrnehmung, http://www.lern-psychologie.de/common/einf_wahrnehmung.htm, eingesehen am 13.12.2019

physiologische Befindlichkeit, das intellektuelle Leistungsvermögen, die persönlichen Ansichten und Auffassungen und unsere gemachte Erfahrungen tragen zu Werturteilen bei, aus denen wir auch Vorurteile bilden. Sie sind – ebenso wie Routine – hilfreich, eine bekannte Situation schneller zu entschlüsseln und zu meistern. Dieses Charakteristikum kann aber auch Konflikte verschärfen, indem eigene Probleme in andere Personen projiziert werden.

Hinzu kommt unsere Tagesform, die Stressresilienz und die individuelle Belastbarkeit, das Selbstwertgefühl, die selektive Wahrnehmung und die Tagesform.

Unsere genetische Veranlagung, die Ernährung, das Elternhaus, das soziale Umfeld, die Schule, die Ausbildung, das Studium, der Gesundheitszustand u. v. m. bestimmen, wie wir unsere Umwelt erleben und decodieren. Pro Sekunde werden durch den Thalamus mehrere Millionen Bit geschleust und im Unterbewusstsein verarbeitet. Ins Bewusstsein gelangen davon höchstens 40 Bit/Sekunde. Das Bild, das daraus im Kopf entsteht, kommt somit weniger als 20 Prozent von der Netzhaut des Auges. Das Gehirn gleicht unser Unterbewusstsein ununterbrochen mit der Gegenwart ab. Das Ergebnis ist unsere subjektive Realität. Sehen ist somit primär eine Leistung des Gehirns und nur sekundär des Auges. Die dabei erlebte Gegenwart ist lediglich das Abbild unserer eigenen Psyche.

Mobbingtäter, die andere Menschen bekämpfen, kompensieren damit ihre eigenen Persönlichkeitsdefizite. Daran heißt es, bei der Mobbingbewältigung anzuknüpfen. Deshalb wird das Mobbing auch nicht beendet sein, wenn das Opfer gegangen ist, sondern bald wird ein anderes Opfer auserkoren. Dementsprechend ist die weitverbreitete »Mobbingbewältigung«: Das Opfer muss aus dem Team oder Klassenverband ausscheiden, die Täter bleiben, zwar bequem, aber an Inkompetenz kaum mehr zu übertreffen!

7.1.2 Der Einstieg

Manchmal ist es gar nicht verkehrt, wenn ein bisher unbekannter Dritter in einer Schule das Thema »Mobbing« bearbeitet. Dann fallen althergebrachte echte und eingebildete Vorurteile, Animositäten, Konkurrenzkampf u. a. weg und spielen in diesem Zeitraum keine Rolle. Das erlaubt allen Teilnehmern eine unbelastete Mitarbeit.

Zu Beginn meiner Veranstaltungen habe ich als Hinzukommender sofort die sogenannte Beziehungsebene geklärt. Dazu gehört meine etwas umfangreichere Eigenvorstellung, denn die Schüler kennen sich untereinander. Ganz wichtig ist die **Abfrage der Erwartungshaltungen** der Kinder oder Jugendlichen, die ich allesamt an der Tafel notiert habe. Alternativ kann man diese auch individuell aufschreiben und von jedem Einzelnen vortragen lassen. Das ist eine Frage der Zeit, die zur Verfügung steht. Sinnvoll ist dann, die Erarbeitungen an eine Pinnwand anzubringen, damit am Ende der Veranstaltung in der Rückmelderunde ein Abgleich der Schüler mit ihren Erwartungen erfolgen kann. Sachfremde Wünsche an den Inhalt dürfen ausdrücklich durch den Trainer nicht berücksichtigt werden. Beispielsweise muss nicht darüber debattiert werden, wer der neue Fußballmeister wird, wenn das Thema Mobbing heißt.

Nach der Erwartungsrunde ist jeder Moderator und Trainer gut beraten, seinen **Ablaufplan anzupassen**, um die Schüler im Kern ihrer Anliegen tatsächlich zu erreichen.

Danach wurden durch mich **anonymisierte Fragebogen** ausgeteilt, die jeder freiwillig beantworten konnte:

Kreuze an: Deine eigenen bisherigen Erfahrungen als:

- ☐ *Täter*
- ☐ *Opfer*
- ☐ *Potentieller Verteidiger*
- ☐ *Stärke den Täter*
- ☐ *Assistiere dem Täter*
- ☐ *Schaue weg*
- ☐ *Sonstige (keine Zuordnung)*

Nach dem Einsammeln konnte ich mir schnell ein diesbezügliches Bild über die Klasse machen und habe als zertifizierter Trainer aus dem Verhaltensbereich mein Konzept individuell, inklusive der von den Klassen geäußerten Interessenschwerpunkte angepasst.

Aus diesen drei Bestandteilen (meine Vorbereitung, die Erwartungshaltung der Klasse und die Fragenanalyse) erfolgte das anschließende Training. Ich halte nichts davon, überall mit den gleichen Inhalten zu arbeiten, da man dann schnell an den eigentlichen Problemen der jeweiligen Gruppe vorbeiredet und -handelt.

Wichtig ist auch, **Verhaltensregeln** für den folgenden Ablauf gemeinsam festzulegen. Jeder darf ausreden, Kritik ist sachlich und nicht destruktiv vorzutragen, blamagefreies Arbeiten ist zu gewährleisten. Diese Regeln werden mit der Klasse gemeinsam erarbeitet und an der Tafel oder einem Flipchart festgehalten. Benutzen Sie beim Notieren nicht Ihre eigenen Worte, sondern die Worte der Schüler. Die inhaltliche **Deckungsgleichheit von Worten** ist zwischen den Schülern und dem Moderator oftmals genauso wenig vorhanden, wie zwischen einem Architekten der Gebäude baut und einem Soldaten der Artillerie, der diese zerstört. Alternativ können Sie auch einen freiwilligen Schüler nach vorn bitten, der die Vorschläge der Mitschüler notiert.

Wenn in der Klasse ein rauer Ton herrscht, kommen Sie nicht umhin, gemeinsam zu erarbeiten, was man unter sogenannten **Gesprächskillern** versteht. Das sind zum Beispiel:

- persönlich werden
- stigmatisieren
- intime Fragen stellen
- provozieren und beleidigen
- bloßstellen
- Ironie und Häme
- ausweichen
- Druck ausüben

Aber auch das Zuhören ist eine Eigenschaft, die in unserem digitalisierten Zeitalter, in dem viele nur noch die Überschriften lesen, selten geworden ist.

Was heißt aktiv zuhören zu können?

- sich dem Gesprächspartner offen zuzuwenden (Körpersprache)
- nicken, »mh…«, »ja«, um Verständnis zu signalisieren
- Augenkontakt, ohne anzustarren
- Gesprächspausen ertragen (Machen Sie die Probe auf das Exempel: Manchmal ergeben sich Kunstpausen am Telefon. Ertragen Sie das Schweigen. Ihr Gesprächspartner wird von sich aus den Gesprächsfaden wieder aufzunehmen.)
- Gesprächsinhalte des Gegenübers wiederholen, feststellende Fragen verwenden (»Habe ich Sie richtig verstanden, Sie sagten…«)
- zurückmelden, was verstanden wurde
- ausreden lassen

Bei einem Konfliktgespräch zusätzlich ...

- mit Ich-Botschaften* arbeiten
- Widersprüche aus eigener Sicht wertungsfrei benennen
- einzelne persönliche Angriffe taktisch negieren (löschen)
- Gemeinsamkeiten selektiv herausarbeiten und benennen, um Problemlösung anzustreben

Kurzerklärung Ich-Botschaften

Währenddessen Du-Botschaften Angriffe sind, z. B. »Nie bist Du pünktlich!«, sind dagegen Ich-Botschaften angriffsfreie Äußerungen.

1.) Besser Beobachtungen ohne Bewertungen beschreiben:
»Ich habe 30 Minuten auf Sie gewartet.«
2.) Eigene Gefühle darlegen:
»Ich friere sehr, wenn ich bei dem Frost lange warten muss.«.
3.) Eigene Bedürfnisse ausdrücken:
»Ich ärgere mich, weil mir durch die Minusgrade sehr kalt ist.«
4.) Wünsche ausdrücken: »Ich wünsche mir, dass Sie zukünftig pünktlich sind.«

7.2 Aktion: Das Training

Um eine weitere Sensibilisierung zu erreichen, eignet sich im täglichen Unterricht sehr gut das Modell aus der Kommunikationspsychologie: »Vier Seiten einer Nachricht« nach Schulz von Thun. Um Missverständnisse als Wesen der Kommunikation zu vermeiden, kann dieses Schema erfolgreich in der Praxis angewendet werden, wenn im Klassenverband darauf bei Konflikten oder gar Mobbing durch die Schüler selbst oder die Lehrerin verwiesen wird.

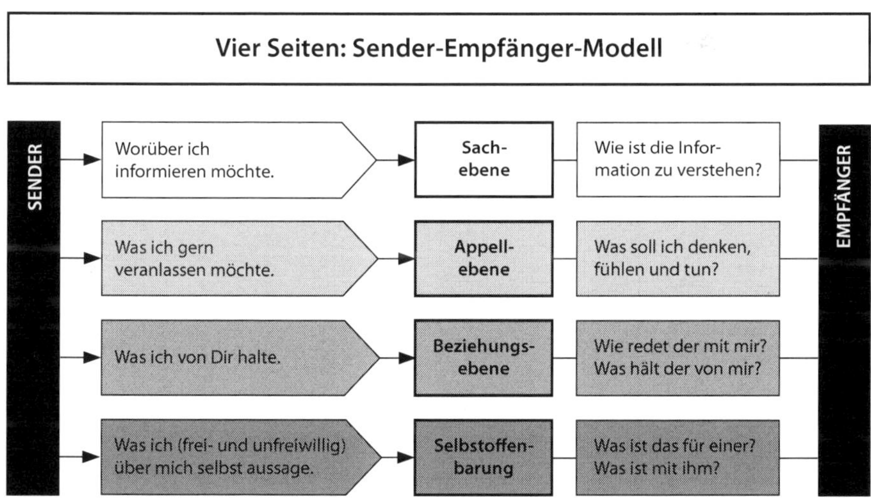

Grafik: Steffen Meltzer

Somit hat der Empfänger einer Nachricht beim Decodieren vier »Ohren«:

- Die Sachebene (was will er/sie mir sachlich inhaltlich mitteilen?)
- Die Selbstoffenbarungsebene
  (wird unterteilt in freiwillige und unfreiwillige Selbstaussage)
- Die Appellebene (was der/die andere bei mir bewirken will)
- Beziehungsebene (was ich von dir halte, wie wir zueinander stehen)

Der Empfänger bestimmt ganz allein, auf welcher Ebene er eine Nachricht hören will, um dementsprechend zu reagieren. Das wird allerdings sehr problematisch, wenn der Sender seine Nachricht zum Beispiel auf der Appellebene an sein Gegenüber schickt, der Empfänger diese jedoch auf der Sachebene entschlüsselt und damit missverstanden hat. Der Konflikt ist somit vorprogrammiert. Durch aktives Zuhören kann man durch feststellende Fragen wieder auf eine gemeinsame Ebene zurückfinden. Auch der Körpersprache kommt eine besondere Bedeutung zu. Gute Chancen bestehen in einem Gespräch, wenn die gesprochenen Worte auch mit der nonverbalen Sprache[89] übereinstimmen.

Dieses Modell muss anhand von Beispielen oder noch besser Rollenübungen und Spielen verfestigt werden. In Konfliktfällen ist regelmäßig darauf zu verweisen. Selbstverständlich sind die hier genannten Hinweise altersgerecht anzuwenden.

Mit der Unterstützung von Videomaterial (nachgestellte Filme über Mobbinghandlungen) und einer anschließenden offenen Diskussion kann man bei Kindern und Jugendlichen eine hervorragende Sensibilisierung für das Thema erzielen. Möglich und zielbringend ist es auch, Mobbing in praktischen Übungen (Rollenspiele) nachzustellen, da dann ein Höchstmaß an emotionalen und verbleibenden Lernerfolgen erzielt werden kann. Wichtig ist für den Trainer, neben vielen offenen Fragestellungen, die Diskussion einfühlsam zu moderieren.

Möglich sind aber auch einfache Vorgehensweisen: Man teilt mehrere Gruppen ein, wovon z. B. jede ein Thema zum Cybermobbing bearbeitet. Welche Chancen und Gefahren ergeben sich bei der Nutzung sozialer Netzwerke u. s. w.? Anschließend trägt jeder Schüler der Gruppe einen Teil der Erarbeitung vor. Danach dürfen die anderen Klassenmitglieder Meinungen äußern oder Fragen stellen, die durch die Gruppe beantwortet werden. Der Moderator hält sich dabei im Hintergrund und greift nur ein, wenn die Diskussion aus dem Ruder zu laufen droht, Fragen unbeantwortet bleiben und Abläufe zu lenken sind. Emotionales Lernen stellt eine besondere Form dar und ist dem Frontalunterricht oder Vorträgen vorzuziehen. Bei kleineren Kindern können Sie gut die Übung »Nein das will ich nicht! gemeinsam im Chor aufsagen lassen. Dabei darf so laut

89 Gestik, Mimik, Körperhaltung, Blickkontakt u. v. m.

wie möglich geschrien, später mit dem Trainer als Taktgeber dazu gestrampelt werden. Diese Emotionen begeistern Kinder und trainieren für die folgenden Übungen gleichzeitig das sogenannte Muskelgedächtnis. Emotionales lernen hat einen sehr hohen Merkfaktor zur Folge. Der Trainer/Lehrer oder Moderator ist in diesem Prozess nicht die wichtigste Person. Je zurückhaltender er agiert desto besser, denn die eigentlichen Macher sind die Kinder und Jugendlichen. Trainer, die fortlaufend selbst reden, weil sie meinen, die wichtigste Person in der Runde zu sein, haben Gründe, dass fast nur sie reden.

Für einen sozialen Lernprozess und die Formung zwischenmenschlicher Beziehungen arbeiten Sie bitte nach praktischen Übungen (Rollenspiele) mit Rückmelderunden. Vorher wurden die Schüler in Akteure und Beobachter eingeteilt. Um die Wahrnehmungen besser zu strukturieren, können die Beobachter auch spezielle Aufgaben erhalten. Achten Sie darauf, dass die vorher beschlossenen Rückmelderegeln eingehalten werden. Die Akteure sollen sich auf keinen Fall bei Kritik rechtfertigen müssen! Außerdem strukturieren Sie unbedingt das Feedback in der Reihenfolge mit folgenden Schwerpunkten:

- Zuerst die Akteure: Wie fühlst du Dich? (Emotionen abbauen lassen). Wie schätzt Du dich selbst ein? (Für den Akteur ein wichtiger Abgleich zwischen Fremd- und Selbstwahrnehmung)
- Dann (nur einmal!) die Beobachter: (Positives am Anfang, Kritik immer am Ende der Rückmeldung und in Ich-Form wiedergeben). Daran denken, dass die »Wahrheit« des Rückmeldenden nur seine ganz persönliche ist. Siehe dem erläuterten Wahrnehmungsprozess. Achten Sie darauf, dass es zu keiner destruktiven Kritik kommt und dass sich die Rollenakteure nicht beginnen zu rechtfertigen. Der Beobachter soll bei seinem Feedback konkretes Verhalten (nicht die Person!) direkt beschreiben.
- Am Ende geben Sie als Trainer eine Rückmeldung. Auch Sie beginnen mit positiven Feststellungen. Festgestellte Defizite werden zur Hilfe, am besten als Fragestellungen formuliert, die bei den Akteuren einen eigenen Denkprozess anstoßen. Selbsterkenntnisse sind immer deutlich nachhaltiger als Fremdhinweise. Nochmals: Keine Rechtfertigungen bei den Akteuren auslösen! In dieser Rückmelderunde begeben Sie sich auf Augenhöhe mit den Akteuren.

7.3 Nachbereitung: Die Zeit danach, Verhalten festigen

Sie kennen das bestimmt auch, wenn in der Erwachsenenfortbildung das eigentliche Seminar (fast) vorbei ist, begeben sich viele gedanklich in den Startblock und wollen schnell nach Hause. Damit sich der Feierabend nicht verzögert, gibt man noch schnell in der abschließenden Rückmelderunde ein höfliches Kurzstatement ab. Das wissen die Trainer natürlich auch. Kinder sind ehrlich, das muss man nutzen. Nicht nur die Teilnehmer lernen in jedem Seminar dazu, sondern auch der Durchführende. Prinzipiell kann dabei jeder von jedem lernen. Um die üblichen Höflichkeitsfloskeln zu umgehen, fordert der Trainer (in diesem Fall die Schüler) auf, konkret anhand ihrer vor dem Training abgegebenen Erwartungshaltung ein Feedback zu geben. Dabei fragt der Trainer genau nach, ob inhaltlich noch etwas offen geblieben ist. Das ist die letzte Gelegenheit für beide Seiten, Unklarheiten oder offene Fragen zu bearbeiten bzw. zu beantworten. Auch zur Methodik des Trainers darf eine Rückmeldung gesendet werden. Kritik ist als hilfreich anzusehen und beim nächsten Training einfließen zu lassen. Wenn die Veranstaltung vorbei ist und sie bekommen von den Kindern einen emotional-enthusiastischen Beifall als kleines Dankeschön für ihre Arbeit, haben Sie die Gewissheit einer ehrlichen Rückmeldung.

Lehrern ist dringend anzuraten, die erarbeiteten Verhaltensregeln und die »Vier Seiten einer Nachricht« im Klassenzimmer auszuhängen. Bei einem aktuellen Erfordernis ist darauf zu verweisen und der Konflikt zu besprechen. Das ist ein exzellentes Mittel, um schon im Ansatz Mobbing zu ersticken.

Abschließend möchte ich folgende Weisheit aufmerksam machen, die jedes Elternteil, jeder Lehrer oder Erzieher bei Bedarf thematisieren darf:

Behandle andere so, wie du von ihnen behandelt werden willst.

Die hier genannten Beispiele vermitteln notwendige Grundlagen, die man in der täglichen Arbeit mit Kindern sehr effizient und erfolgreich anwenden kann.

8

Theorie und Praxis: Aus dem realen Leben

8.1 Eine wahre Geschichte: Schulleiterin mobbt Lehrerin

Zum Beweis, dass der Kampf gegen inkompetente und menschenverachtende Mobber (hier das sogenannte Bossing = Chefin mobbte persönlich) vom Erfolg gekrönt sein kann, möchte ich Ihnen folgende tatsächlich stattgefundene Geschichte nicht vorenthalten. Ich bedanke mich bei der engagierten Lehrerin, die bereit war, ihre Situation offen zu schildern:

Zum 1. August 2009/10 wurde ich an eine Grundschule in den Bördekreis versetzt. Ich freute mich auf diese Arbeit, denn ich war von 1986 bis 2009 immer an einer großen Stadtschule tätig. Die Versetzung erfolgte an eine 2-zügige Dorfschule, (Anm.: in jeder Jahrgangsstufe zwei Klassen). Sofort telefonierte ich und bat um einen Termin zum Vorstellungsgespräch. Auf dem Weg zum Vorstellungsgespräch lief im Radio AC/DC »Highway to Hell«.

Ich fuhr ein weiteres Mal vor dem eigentlichen Dienstantritt hin und stellte mich der Klassenelternschaft vor. Auch zum »Tag der offenen Tür« besuchte ich meine zukünftige Dienststelle.

Im Juli erhielt ich während meines Urlaubs, den ich zu Hause verbrachte, einen Anruf. Die Schulleiterin war am Telefon. Sie hatten in der Schule eine Veranstaltung. Darüber war ich nicht unterrichtet worden, fuhr aber sofort los und nahm noch teil.

In der ersten Unterrichtswoche hatte ich eine Stunde, bei der die Pädagogische Mitarbeiterin der Schule mit im Unterricht war. Diese war auch Personalrat der Schule.
Frau L. fragte mich, ob es mir denn hier gefällt. Ich sagte: ***»Ja, es gefällt mir. Ihr habt ein sehr schönes Schulgebäude, tolle Kollegen und eine nette Schulleiterin.«***
Plötzlich brach Frau L. in Tränen aus. Sie sagte: ***»Du wirst sie schon noch kennenlernen.«***

Dann kam der erste Elternabend. Die Eltern, ganz besonders eine Mutti, die Ärztin war, bedankten sich bei mir wegen der gewählten Sitzordnung und sie hielt regelrecht einen kleinen Vortrag, dass es sehr wichtig ist, wie Kinder in der Schule sitzen, bezüglich der Gesundheit.
Ich verstand das nicht, hatte ich doch einfach die Kinder so gesetzt, dass alle mit dem Gesicht gut zur Tafel schauen konnten. Dann kam meine

Sitzordnung bei einer Besprechung zur Sprache. Ich wurde von Frau E., der Schulleiterin, gerügt. Abschließend sagte sie: ***»Mit dieser Sitzordnung kann man nicht unterrichten.«***

Unterrichten in dieser Schule – inzwischen war es mir erklärt worden – hieß: Auf gar keinen Fall sollte frontal unterrichtet werden. Fragten allerdings Eltern nach, hieß es: ***»Das hat der Lehrer falsch verstanden.«***

Die Zusammenarbeit mit den Eltern war hervorragend. Genauso, wie ich es immer von kleinen Dorfschulen gehört hatte. Eine wunderbare Unterstützung bei jedem Wandertag, Projekt oder jeder Feier. Ein rühriger Elternrat. Alles lief wunderbar.

Nicht nur der Frontalunterricht sollte nicht stattfinden, es sollte sich jeder Schüler selbst den Unterrichtsstoff erarbeiten. Der Lehrer sollte nicht weiter eingreifen oder viel erläutern. Die Kinder sollten das durch Bearbeitung von vielen Arbeitsblättern selbst erledigen.
Ich fragte die Schulleiterin, Frau E., wie sich denn dieser oder jener Schüler das Distributivitätsgesetz (Ausmultiplizieren von Klammern) allein beibringen soll. Sie sagte zu mir: ***»Was ist denn das?«***

Am Anfang des Schuljahres 2009/10 hing eine Weiterbildung im Lehrerzimmer aus. Ich fragte Frau E., ob ich mich anmelden darf. »Natürlich, deswegen hängt es ja da.«, war die Antwort.
Einige Zeit später wurde ich in ihr Büro gerufen. Die Schulleiterin sagte:
»Du ziehst die Anmeldung sofort zurück!«
»Warum?«, fragte ich.
»Weil ich es so will!«, sagte die Schulleiterin.
Ich zog die Anmeldung zurück und bezahlte eine Stornogebühr dafür.
Lehrkräfte sind verpflichtet, an Weiterbildungen oder Fortbildungen teilzunehmen und müssen dies auch nachweisen.

Im Lehrerzimmer erzählte ich mal, dass ich ein Diktat schreiben werde und dies bereits mit den Kindern vorbereite.
Darauf sagte Frau E.: ***»In meiner Schule werden keine Diktate geschrieben. Hier werden Aufsätze geschrieben und da bekommt ja wohl ein Schüler höchstens eine 3 als schlechteste Note.«***

Einige Monate lang musste ich eine Unterrichtsstunde pro Woche für meine Schulleiterin übernehmen, in der sie Klassenlehrerin war. Ich bekam explizit die Anweisung, keinem Kind zu helfen. Alle sollten alles allein machen. In dieser 1. Klasse wurde die Methode »Lesen durch Schreiben« durchgeführt. Anwesend war auch die Pädagogische Mitarbeiterin (Personalrat).

Ich wunderte mich, dass diese Überstunde niemals auf meiner Stundenabrechnung erschien. Dann sagte mir unser Personalrat: ***»Du machst diese Stunde, eine andere Kollegin macht andere Stunden. Wenn sich Eltern beschweren, weil es nicht richtig ist, was die Kinder da machen, dann sagt die Schulleiterin, dass ihr das gewesen seid.«***

Ich bekam den Auftrag, zu einem bestimmten Thema im Flur eine Ausstellung zu machen. Ich hängte Zeitungsartikel und Anschauungsmaterial aus.

Einige Tage nach Erledigung wurde ich ins Büro gerufen. Die Schulleiterin, Frau E. sagte: ***»Über dich haben sich alle Kollegen bei mir beschwert.« »Warum?«***, fragte ich. ***»In deiner Ausstellung hängt ein Artikel, der aus dem Salzlandkreis ist – deswegen. Wir sind hier schließlich im Bördekreis.«***, war die Antwort. Ich fragte jeden einzelnen Kollegen, es waren ja nicht viele – niemand hatte sich beschwert!

Eines Tages erhielt das gesamte Kollegium die Anweisung, kurzfristig am nächsten Tag, zu einer Besprechung zu erscheinen. Wir mussten uns in einen Stuhlkreis auf kleine Stühle aus der 1. Klasse setzen. Die Schulleiterin saß auf dem Lehrerstuhl. Dann teilte sie uns mit, dass eine Beschwerde gegen eine Kollegin im Schulamt eingegangen ist. Wir sollten überlegen, weshalb. Da niemand darauf kam, wurde uns der Grund mitgeteilt. Es ging um die angewiesene Lehrmethode mit den vielen Arbeitsblättern. Nun sollte jeder Kollege, der Kollegin sagen, dass sie da etwas falsch macht. Denn würde sie es richtig machen, dann gebe es ja keine Beschwerde.

Bei einer Besprechung erhielt jeder Kollege eine Kopie von Zeugnissen aus einer fremden Schule. Dazu einen Marker. Wir wurden aufgefordert, alles in den Beurteilungen zu markieren, was uns an den Beurteilungen nicht gefällt. Ich wusste nicht was, aber markierte einen Satz. Die Schulleiterin sagte: ***»Das machst du falsch – markiere alles.«*** Anschließend mussten wir alle diese Zeugniskopien hoch halten. Nun sagte Frau E.: ***»Der Schulleiter,***

der das unterschrieben hat, hat das falsch gemacht. Nur wenn ich Zeugnisse unterschreibe, sind sie richtig.«

Dieser Schulleiter war inzwischen beim LSA (Landesschulamt) und unser Vorgesetzter.

Im nächsten Schuljahr hing wieder eine Weiterbildung im Lehrerzimmer. Da sich Frau E. selbst für eine Woche auf einer Fort- oder Weiterbildung befand, fragte ich die stellvertretende Schulleiterin, ob ich mich anmelden darf. Sie genehmigte es. Die Sekretärin schlug vor, dass ich dort anrufe und nachfrage, ob auch Bewerbungen aus Sachsen-Anhalt berücksichtigt werden, denn es war ein Weiterbildungsinstitut aus einem anderen Bundesland. Das tat ich. Die Anmeldung gab ich im Sekretariat ab. Kurz bevor die Weiterbildung stattfinden sollte, wurde ich zur Schulleiterin bestellt. Sie sagte: ***»Für solchen Scheiß gibt es kein Frei.«***

Ich meldete mich ab und bezahlte eine Stornogebühr, die diesmal höher ausfiel, da der Termin zeitnaher war. Die Sekretärin bekam Ärger, weil sie das mit dem Anruf vorgeschlagen hatte.

Mitten im Unterricht öffnete die Schulleiterin die Tür zu meiner Klasse. Sie schob ein Kind rein und sagte laut, vor allen Schülern: ***»Das Kind ist jetzt bei dir. Du kannst das besser als deine Kollegin.«***
Mir war das sehr peinlich. Ich kann gar nichts besser als meine Kollegin. Aber, so vermute ich, ging es hier um das Motto: »Teile und herrsche«.

Ich bekam den Auftrag, den Speiseraum der Schule zu gestalten. Ich ließ mir Verschiedenes einfallen, um eine Wohlfühlatmosphäre für die Kinder zu schaffen. Dafür wurde ich von Frau E. gelobt. Einige Tage später wurde ich ins Büro bestellt. Sie teilte mir mit, dass es ihr doch nicht gefällt und ich solle Kinderzeitungen besorgen, die da ausgelegt werden. Ich sagte ihr, dass ich das nicht kann, ohne diese zu kaufen. Also kann ich diesen Auftrag nicht ausführen.
Sie meinte, dass ich das sehr wohl könne, ich solle mir gefälligst etwas einfallen lassen.

Ich hatte Hofaufsicht und kam wieder ins Schulgebäude. Ein Schüler meiner Klasse, kam mir aus dem Gebäude entgegen und sagte, dass er

sich eben den Finger in der Klassenraumraumtür eingeklemmt habe. Ich brachte das Kind in das Lehrerzimmer und übergab es einer Kollegin, die eine Freistunde hatte. Diese kümmerte sich um alles Weitere.
Ich musste in eine andere Klasse zum Unterricht. Am nächsten Tag erschien die Mutter und ging zur Schulleiterin, um zu melden, dass das Kind den Finger ernster verletzt hatte. Anschließend kam die Mutter zu mir. Sie wollte mir unbedingt erzählen, dass Frau E. sich bei der Unfallmeldung sehr uneinsichtig gezeigt habe und die ganze Zeit argumentierte, dass das nur alles meine Schuld ist. Dieses fand die Mutter unmöglich und wollte mich darüber unterrichten.
Frau E. setzte einen Aussprachetermin mit den Sorgeberechtigten an, den ich ins Hausaufgabenheft des Schülers eintragen musste. Am Wochenende erhielt ich von der Schulleiterin einen Anruf. Sie hat mit ihrem Anwalt gesprochen, teilte sie mir mit und möchte den Aussprachetermin absagen. Ich wurde aufgefordert, die Eltern umgehend anzurufen. Ich fragte, warum sie das nicht selbst am Montag macht, bekam aber zur Antwort: ***»Das machst du und zwar sofort.«*** Ich versuchte dies mehrere Stunden am Wochenende, erreicht aber niemanden.

In einer Hofpause wurde ich von der Schulleiterin aufgefordert, vom Klassenkonto meiner Klasse 150 Euro abzuholen. Sie braucht das Geld, um etwas, für die Schule zu bezahlen. ***»Deine Kinder erhalten das Geld zurück.«***, sagte Frau E.
Es waren mehrere Kollegen im Lehrerzimmer, auch der Personalrat (PR). Ich weigerte mich. Aber ich kam nicht dagegen an. Die Stellvertreterin wurde beauftragt, auf meine Schüler zu achten. Die Sekretärin musste in der Bank anrufen und Bescheid geben, dass ich das Geld abhole. Ich fuhr in meiner Pause los, aber es dauerte natürlich. Bis ich wieder in der Schule war, hatte der Unterricht begonnen. Die Uhrzeit sieht man auch auf der Auszahlungsquittung. Ich ging zielgerichtet ins Sekretariat. Die Sekretärin nahm das Geld entgegen. Ich verlangte eine Quittung. Sie zeigte auf die Schulleiterin, Frau E.
Diese sagte zu mir: ***»Du wirst doch wohl von mir keine Quittung verlangen.«***. ***»Doch!«***, meinte ich. Aber ich bekam nur die Anweisung sofort den Klassenraum aufzusuchen. Ich wollte wenigstens ein Telefonat führen, mit dem Großvater einer Schülerin. Er war der Sponsor dieses Klassenkontos. Aber auch dies wurde mir nicht erlaubt. Ich informierte ihn später.

Ich unterhielt mich mit dem PR über das Arbeitsklima an der Schule. Frau L. war sehr betrübt, denn es ging nicht nur mir so, dass ich darunter litt, sondern auch anderen Kollegen, meinte sie und schloss sich da mit ein. Sie versuchte wirklich alles, um mit der Schulleiterin ins Gespräch zu kommen aber scheiterte immer.
Ich sagte zu ihr: ***»Aber ihr habt sie doch gewählt, sie wurde euch bei der Gesamtkonferenz vorgestellt und wird sich da auch den Fragen der Eltern oder des Schulträgers gestellt haben, über ihr Schulkonzept usw.«***
Der PR sagte: ***»Nein! Sie war doch gar nicht anwesend bei der Gesamtkonferenz.«***
Ich fragte, ob die Wahl offen oder geheim durchgeführt wurde.
Der PR antwortete: ***»Wieso geheim? Das hat uns niemand gefragt.«***
Ich durfte an meiner ehemaligen Arbeitsstätte zweimal so eine Gesamtkonferenz, auf der ein Schulleiter bestellt wurde, leiten.
Selbstverständlich muss der Kandidat anwesend sein. Selbstverständlich muss gefragt werden, ob die Wahl geheim oder offen durchgeführt wird.
Das Gehörte konnte ich nicht glauben. Ich fragte, ob der Konferenzleiter das Schulverwaltungsblatt nicht gelesen hat, da steht schließlich der Ablauf drin. Der PR sagte: ***»Der Konferenzleiter war doch vom LSA, Herr K., unser Vorgesetzter.«***

Generell hatte ich als Gestaltungslehrerin den Auftrag, den oberen Flur mit Exponaten aus dem Unterricht zu schmücken. Eine andere Kollegin den unteren Flur. Da diese Kollegin aber gerade Holzbearbeitung durchführte, besprachen wir, dass ich auch im unteren Flur Zeichnungen aushänge. Diesmal wurde ich mit dem PR zur Schulleiterin bestellt. Der PR musste Protokoll schreiben. Zunächst einmal, wurde mir mitgeteilt, haben Kollegen gar nichts selbstständig abzusprechen. Dann kam meine Weiterbildungsanmeldung zur Sprache. Frau E. meinte, dass ich mich eigenmächtig angemeldet habe. Ich sagte ihr, dass dies so nicht stimmt. Ich hatte ihre Stellvertreterin gefragt und beim ersten Mal sie selbst. Ich musste zweimal absagen und eine Stornogebühr bezahlen. An das erste Mal konnte sich Frau E., nach eigener Aussage, nicht erinnern.

Ich bat den PR, das so ins Protokoll zu schreiben. Dagegen protestierte die Schulleiterin. Dann sehe es ja so aus, als wäre sie gegen Weiterbildungen. Aber der PR schrieb den Ablauf wahrheitsgemäß auf. Ich fragte Frau E. noch, was mit dem Protokoll passiert und vor wem es dann so aussehe, als wäre sie gegen Weiterbildungen. Darauf bekam ich keine

Antwort. Das Protokoll sollte ich unterschreiben. Ich schrieb hin: ***»zur Kenntnis genommen«.***

Dann teilte mir Frau E. noch mit, dass ich ihr überfordert erscheine und ich soll doch eine Kur beantragen. Gleichzeitig hieß es, Weiterbildungen kann ich in den Ferien besuchen. Ich fragte noch mal nach, ob ich mich nun erholen solle oder in den Ferien Weiterbildungen besuchen soll. Das wurde ins Protokoll aufgenommen.

Der PR musste zu einer Beerdigung und verließ den Raum.

Frau E. nahm das Anmeldeformular der Weiterbildung, knallte mir dieses entgegen und ich bekam es im Gesicht ab. An dieser Stelle bekam ich Angst. Frau E. ist viel größer und jünger als ich. Ich hob das Formular auf und steckte es ein.

Ich ging zum Hausarzt und wurde für eine Woche krankgeschrieben. Außerdem bekam ich den Rat, einen Psychologen aufzusuchen. Den Krankenschein schickte ich per Post zur Schule. Am Ende der Woche hatte ich einen Unfall. Ich kam mit dem RTW in die Notaufnahme. Nachdem ich dort entlassen wurde, sollte ich mich weiteren Untersuchungen ambulant unterziehen. Ich rief die Schulleiterin an und informierte sie sofort über meine Dienstunfähigkeit.

Ihre Antwort war: ***»Willst du ab*** *(Datum)* ***für 10 Stunden in die Stadt Oschersleben abgeordnet werden?«*** Ich verneinte dies und wiederholte, dass ich dienstunfähig bin.

Der Chirurg schrieb mich mehrere Wochen krank. Ich schickte den Krankenschein per Post in die Schule.

Irgendwann rief ich im LSA an und fragte nach, ob der von mir gestellte Versetzungsantrag in den Salzlandkreis zum neuen Schuljahr genehmigt wird. Man teilte mir mit, dass dort keine Stelle frei ist.

»Aber Sie arbeiten doch ab *(Datum)* ***in Oschersleben. Der PR vom LSA hat bereits zugestimmt.«***, sagte die Sachbearbeiterin.

Ich teilte mit, dass ich mich seit längerer Zeit im Krankenstand befinde und die Abordnung nach Oschersleben abgelehnt habe.

»Sie sind seit längerem im Krankenstand? Hier liegt keine Krankmeldung von Ihnen vor.«, teilte sie mir mit. ***»Schicken Sie uns eine E-Mail, in der Sie der Abordnung widersprechen.«***, meinte sie. Das tat ich.

Einige Tage später rief ich die Schulleiterin an und fragte nach, warum sie mich gegen meinen Willen abgeordnet hat und dem LSA auch nicht mitgeteilt hat, dass ich da gar nicht arbeiten kann, weil ich dienstunfähig bin. Sie war diesmal freundlich und wir verabredeten, ein Gespräch. Zur Vorbereitung sollte ich ihr einen Brief schreiben, in dem ich noch einmal alle Dinge aufführen soll, die es zu besprechen gibt.

Ich schrieb den Brief und schickte ihn diesmal per Einschreiben und Empfangsbestätigung per Unterschrift persönlich an die Schulleiterin.
Mit der Sekretärin verabredete ich einen Termin, für das Gespräch. Immer noch im Krankenstand fuhr ich zum Termin.
Die Schulleiterin ließ mich 20 Minuten vor ihrer Tür warten. Dann kam sie heraus und teilte mir mit, dass sie jetzt etwas Privates vor hat und das Gespräch nicht stattfindet. Außerdem sagte sie mir, dass sie den Brief zur Vorbereitung des Gespräches gar nicht erhalten habe.
Ich wusste, dass dies gelogen war, denn so ein Einschreiben kann man ja verfolgen. Die Post schickte mir, per E-Mail, eine Kopie der Zustellung. Man sah Datum und Uhrzeit. Der Brief war natürlich angekommen. Allerdings, obwohl ich diese Leistung bezahlt hatte, wurde er ausgehändigt, ohne dass der Empfang unterschrieben worden war.
Ich rief den PR an und wir verabredeten, dass wir gemeinsam um einen Termin im LSA bitten. Ich wendete mich direkt an den nächsten Vorgesetzten. Denn wir Lehrer müssen den Dienstweg einhalten.
Der Vorgesetzte avisierte den Termin für den Freitag in einer Woche. Ort und Uhrzeit sollten uns noch mitgeteilt werden. Ich fuhr zur Schule und holte den Brief. Er lag immer noch ungeöffnet da. Ich sagte der Sekretärin, dass wir den Termin im LSA haben und ich den Brief zu diesem Gespräch mitnehme und dort abgebe, damit die Probleme nun dort besprochen werden können.

Der Freitag kam, Ort und Zeit hatten wir nicht bekommen. Ich schrieb eine E-Mail und teilte mit, dass ich die Angelegenheit dann meinem Anwalt übergebe. Wir bekamen umgehend den Termin für nächsten Montag. Ich fuhr von meinem Wohnort aus, der PR von der Schule. Unterwegs wurde ich, schuldlos, in einen Unfall verwickelt. Nachdem ich untersucht worden war, setzte ich meinen Weg fort, denn ich befürchtete, dass wir sonst nie wieder einen Termin bekommen.

Das Gespräch im LSA dauerte 2 Stunden. Anwesend waren unser Vorgesetzter Herr K., der Betriebsrat, mein Personalrat und ich. Ich war an der Schule die stellvertretende Gleichstellungsbeauftragte und berichtete in dieser Funktion nicht nur über mich, sondern auch über andere Vorfälle, die mir bekannt waren. Es fiel mir nicht leicht, über all das zu sprechen, denn es berührte mich emotional sehr und ich war noch vom Unfall sehr mitgenommen.

Wir fragten auch, warum unsere Schulleiterin in Abwesenheit bestellt worden war, ohne jemals ihr Konzept vorgestellt zu haben. Denn das verursachte immer wieder Probleme. Eine Antwort bekamen wir nicht.

Der PR fragte mich, weshalb ich hier das Anmeldeformular für meine Weiterbildung dabei habe, das habe doch die Schulleiterin. Ich spielte die Szene vor, wie es mir entgegengeklatscht wurde, damit man sich ein Bild machen konnte. Schließlich war ich damals ganz allein in einem Raum mit dieser Frau und bekam es mit der Angst zu tun.

Der PR blieb noch weitere zwei Stunden und sprach über Vorfälle, die mir persönlich nicht bekannt waren.

Herr K. versprach uns Hilfe. Er erzählte uns auch, dass sich in letzter Zeit 12 Elternhäuser beschwert haben, aber nicht über die Lehrer, sondern über unsere Schulleiterin.

Vom PR erfuhr ich, dass er später mit Frau E. ein Vieraugengespräch geführt hatte. Mit den Kollegen gab es kein Gespräch.

Frau E. sprach den Kollegen ein Verbot aus, mit mir dienstlich zu sprechen. Nur Privatgespräche wären erlaubt. Für mich sah das so aus, als bereite man meine Versetzung vor, wer weiß wohin.

Ich war immer noch dienstunfähig und auf der Suche nach einem Termin beim Psychologen. Da es unmöglich war, einen Termin zu bekommen, wies ich mich selbst in eine Tagesklinik ein. Mein Ehemann brachte den entsprechenden Krankenschein zu Herrn K., ins LSA.

Zwei Tage später rief Frau E. direkt in der TK an und verlangte mich zu sprechen. Dies wurde ihr aber verwehrt. Mein Ehemann wurde darüber informiert. Da ich nicht einmal dort vor ihr Ruhe hatte, entließ ich mich wieder. Das durfte ich, denn ich hatte mich ja selbst eingewiesen.

Während meiner Krankschreibung besuchte mich mein gesamter Elternrat mit einem großen Blumenstrauß. Die Kollegen schrieben mir eine Karte und eine Kollegin brachte mir, mit besten Grüßen von allen, Blumen vorbei.

Von Herrn K. aus dem LSA hörten wir nie wieder. Er wollte uns doch helfen, hatte er gesagt. Er hatte auch gesagt, dass ich auf gar keinen Fall einen Anwalt brauche, denn er wird alles klären.
Ich informierte ihn, per E-Mail, dass Frau E. mich in der TK sprechen wollte. Ich informierte ihn, per E-Mail, dass mich Eltern anriefen und sagten, dass Frau E. im Elternabend behauptet hatte, dass sie mit mir gesprochen habe und ich auf meine Klasse freiwillig verzichte. Dabei gab nie ein Gespräch. Auch das sah für mich so aus, als bereite sie meine Versetzung vor. Und ich informierte ihn darüber, per E-Mail, dass Frau E. meinem Elternrat mitgeteilt hatte, dass sie sich nicht erinnern kann, die 150 Euro vom Klassenkonto bekommen zu haben. Die Eltern sollen auf der Auszahlungsquittung nachsehen, wer das Geld geholt hat.

Es gab keine Reaktion. Keine Hilfe!
Ich fuhr selbst zur Bank, aber das Geld war für meine Kinder verloren. Später ließ ich mich bei der Polizei beraten. Der Polizist sagte: ***»Nie ohne Quittung. Aber wir können da auch nicht helfen. Wenn Sie meine persönliche Meinung hören wollen: Wenden Sie sich an die BILD ZEITUNG. Die können manchmal mehr bewirken als wir.«***

Ich schaltete meinen Anwalt ein.

Nun durfte ich Menschen vom LSA kennenlernen, die sich tatsächlich kümmerten und die halfen. Wir führten mehrere Gespräche. Dafür möchte ich mich auch mit diesem Beitrag bedanken. Und Kollegen, die sich in ähnlicher Situation befinden, möchte ich Mut machen. Es gibt sie – die verständnisvollen Vorgesetzen. Ich wäre sehr gern an der Schule geblieben. Aber unter diesen Arbeitsbedingungen war es nicht möglich.
Obwohl ich keine Krankschreibung mehr hatte und ich hätte arbeiten müssen, denn mein Anwalt meinte, es wäre sonst Arbeitsbummelei, brauchte ich dies nicht, wurde aber bezahlt.
Man suchte mir erst eine neue Arbeitsstelle im Salzlandkreis, an der ich sehr glücklich meinem Beruf nachgehe.
Herr K. tätigte einen Anruf und sagte, dass es ihm sehr leid tue, wie es gelaufen ist.

Zwei Jahre später erhielt ich eine Information von Eltern aus dieser Schule, die mir persönlich nicht mehr bekannt waren. Sie waren auf der Suche nach Hilfe. Es gab massive Probleme mit der Schulleiterin. Ich durfte ihnen nicht helfen, das hätte meine Kompetenzen überschritten. Aber ich gab ihnen eine Adresse, an die sie sich wenden sollten.

Mein besonderer Dank, gilt Herrn M. und Frau K. aus diesem Dorf im Bördekreis. Beide halfen mir damals sehr.

Die Schulleiterin ist inzwischen nicht mehr im Öffentlichen Dienst tätig.

K. W. aus Sachsen-Anhalt

8.2 Auswertung des vorliegenden Mobbingfalles

Diese hier berichtete wahre Begebenheit wird man an vielen Orten antreffen können. Narzisstische Vorgesetzte, unklare Zuständigkeiten, neue und unausgegorene Lernmethoden, Mitarbeiter, die keine Entscheidungen treffen dürfen, sich nichts getrauen, da man ihnen keine Kompetenzen zugesteht, sind typisch für Subkulturen im Öffentlichen Dienst, die sich an vielen Stellen der Republik breitgemacht haben. Ich könnte aus dem Polizeibereich diesbezüglich viele Beispiele anbringen, deren Vorkommnisse an Dramatik kaum noch zu überbieten wären. Wie kann so etwas geschehen? Weil übergeordnete Stellen ihrer Führungsverantwortung nicht nachkommen und den Perversionen ihren Lauf lassen, bis letztendlich so viele Beschwerden vorhanden sind, dass man nicht mehr anders kann, als einzugreifen. Das geschieht jedoch in den seltensten Fällen. Bis dahin gilt die uraltbekannte Regel, das Opfer geht, der/die Täter bleiben.

Schauen wir uns die Handlungen der mobbenden Schulleiterin etwas näher an. Jede Tat für sich allein wäre kein Grund, von Bossing[90] zu sprechen, die ständigen Wiederholungen und die große Dauer der Schikanen

90 Mobbing durch Vorgesetzte/ Chefs

jedoch zeigen an diesem Beispiel klassische Mobbinghandlungen. Die Lehrerin konnte von Glück sprechen, dass es dieser Führungskraft nicht gelungen war, andere Mitarbeiter gegen sie in Stellung zu bringen. Die dramatischen gesundheitlichen Auswirkungen waren jedoch unübersehbar.

Schauen wir uns einige geläufige Details etwas näher an:

- **Kompetenzverweigerung, autoritäre Weisung zu einer unausgegorenen Lernmethodik:** Der Lehrerin wird eine ihrer originären Kernkompetenzen verwehrt, die Sitzordnung der Kinder selbst festzulegen. »Nicht nur der Frontalunterricht möge nicht stattfinden, es sollte sich jeder Schüler selbst den Unterrichtsstoff erarbeiten. Die Lehrerin dürfe nicht weiter eingreifen oder viel erläutern. Die Kinder müssten das durch die Bearbeitung mit den vielen Arbeitsblättern selbst erledigen.« Frontalunterricht ist inzwischen an einigen Schulen unerwünscht. Stattdessen wurde der sogenannte »kompetenzorientierte Unterricht« erfunden. Leider nicht von Fachleuten. Diese Unterrichtsform wurde in vielen Bundesländern von oben nach unten autoritär durchgedrückt, ohne die Fachleute (Lehrer und Rektoren) zu befragen. Der Lehrer nimmt nur noch eine beobachtende Rolle ein. Der Schüler ist in der Pflicht, selbstständig durch seinen »Lernbegleiter« (Heft!) zu lernen, anstatt durch eine direkte Beziehung zum Lehrer, seine fachlichen und sozialen Kompetenzen zu entwickeln. Der Schüler prüft sich dann selbst – durch sein Heft, dem »Lernbegleiter«. Kinder, die nicht so schnell lernen können, benötigen jedoch die Hilfe der Lehrer. Außerdem muss ein Lehrer kontrollieren, ob die Schüler das Erarbeitete auch verstanden haben. Ist das nicht der Fall, muss durch einen **hierbei** notwendigen Frontalunterricht der Rückstand aufgeholt werden. Haben Sie sich schon einmal gewundert, warum Kinder keine sozialen oder nur wenige Kompetenzen entwickeln? Wo soll der im Umgang mit toten Gegenständen wie Papier, PC und Handy herkommen? Eine sehr wichtige Ursache für gedankenloses Mobbing von Kindern und Jugendlichen, welche die Konsequenzen ihres Handelns nicht einmal ansatzweise einschätzen können.

- **Angriff gegen das Arbeitsverhältnis, Verweigerung der Fortbildung:** Der Lehrerin wurde wiederholt die Möglichkeit der eigenen Fortbildung verwehrt. Diese ist aber sogar vorgeschrieben. Möglichkeiten der eigenen Entwicklung werden bevormundend eingeschränkt, eine typische Mobbinghandlung.

- **Kompetenzverweigerung, autoritäre Weisung zu einer unausgegorenen Lernmethodik:** Diktate dürfen nicht geschrieben werden, kein Schüler darf in Aufsätzen schlechter als mit der Note befriedigend wegkommen. Eine erneute Diskriminierung der Berufskompetenz, verbunden mit der Aufforderung zur Manipulation. Einen weiteren Schaden tragen die Schüler davon, die defizitär vorbereitet ins Leben starten und sich wundern werden, wie schlecht ihre orthografischen Fähigkeiten in der Berufspraxis ankommen. Diese Schüler sind darüber hinaus in den nachfolgenden Schulen benachteiligt, da die mitgebrachten Noten nicht den realen Anforderungen entsprechen.

- **Angriff gegen das Arbeitsverhältnis:** Die Lehrerin musste die Schulleiterin vertreten, ohne dass ihr diese Stunden ausbeuterisch angerechnet und vergütet werden.

- **Angriff gegen das soziale Ansehen im Beruf:** In den unbezahlten Vertretungen musste sie auch für eine umstrittene Lernmethode einstehen, die ihr befohlen wurde: »Lesen durch Schreiben«. Gibt es Beschwerden der Eltern, wird sie durch die Vorgesetzte dafür verantwortlich gemacht. Dann muss sie die Position des Pappkameraden stellvertretend für die Schulleiterin einnehmen.

- **Angriff gegen das Selbstwertgefühl:** Die Schulleiterin log, als sie die Lehrerin zum Gespräch befahl. »Alle Kollegen hätten sich beschwert«, obwohl das nicht den Tatsachen entsprach. Damit wird das Selbstvertrauen der Mobbingopfer stark untergraben und Unsicherheit erzeugt. Keiner soll keinem mehr trauen, typisch, damit sich eine unfähige Chefin konsolidieren kann.

- **Angriffe gegen das Arbeitsverhältnis:** Gängig ist auch die Vorgehensweise, Mitarbeitern Aufgaben zu übertragen, die sie nicht bewältigen können. Die Lehrerin wurde plötzlich damit konfrontiert, eine Kinderzeitung zu erschaffen.

- **Angriff gegen das soziale Ansehen im Beruf:** Als die Mutter eines verletzten Kindes eine Unfallanzeige aufgeben wollte, schob die Schulleiterin alle Schuld auf die betreffende Lehrerin. Sie fiel damit ihrer pädagogischen Autorität in den Rücken. Das heimliche Schlechtmachen eines Mitarbeiters in dessen Abwesenheit ist eine Mobbinghandlung.

- **Keine verbindlichen Verhaltens- und Organisationsformen:** Die Leiterin der Schule wurde unter mysteriösen Umständen ins Amt gebracht. Auf einer Gesamtkonferenz war die Kandidatin nicht wie vorgeschrieben anwesend, um sich den Fragen der Eltern und Lehrer zu stellen. Die Wahl erfolgte auch nicht wie erforderlich geheim, sondern offen. Ein gutes Beispiel dafür, dass Mobbing vor allem dort blüht, wo es keine konkreten Vorgaben für Abläufe gibt und Regeln einfach ignoriert werden. Versagen in der Führungsebene.

- **Schönfärberei, um Mobbing zu vertuschen:** Aus dem Text war zu entnehmen, dass Protokolle verfälscht werden, damit man der Mobberin nicht auf die Fährte kommt. Erfolgsmeldungen gehen oftmals mit Schikanen und Mobbing Hand in Hand. Je perfekter das Erscheinungsbild eines Protokolls oder Vorzeigeprojektes, desto mehr Vorsicht ist angebracht.

- **Angriffe auf die körperliche Unversehrtheit:** »Frau E. nahm das Anmeldeformular der Weiterbildung, knallte mir dieses entgegen und ich bekam es im Gesicht ab. An dieser Stelle bekam ich Angst.« Ein ganz klarer Übergriff und ein Körperverletzungsdelikt. Aber auch die Einschüchterung und das Bedrohungspotential wiegen sehr schwer. So ein Verhalten zeigen auch Straßenräuber, wenn sie ihr Opfer durch ein martialisches Auftreten beeindrucken wollen, um Angst und Schrecken zu verbreiten. Mein Tipp an Kollegen in der Polizei, die einen Termin bei einem höheren Dienst hatten, war dann immer: »Lass dich nicht beeindrucken, wenn der merkt, er kann es mit dir machen, hast du schon verloren. Rede auf Augenhöhe und halte dagegen!« Ich weiß, leicht gesagt und schwer getan. Dieser schwere körperliche Angriff in der Machtposition einer Vorgesetzten muss bei der Lehrerin gesundheitliche Beeinträchtigungen hinterlassen haben.

- **Schwere gesundheitliche Auswirkungen:** Eine Krankschreibung war danach aus verständlichen Gründen die Folge. Jeder Mensch hat eine rote Linie der individuellen maximalen Belastbarkeit. Durch andauerndes Mobbing wird diese Grenze schnell überschritten. Mobbing ist mörderisch. Es war kein Zufall, dass die Pädagogin einen Unfall hatte und auf die Notaufnahme musste. Dysfunktionaler Stress erhöht durch den Tunnelblick das Unfallrisiko auf das Fünffache, vor allem, wenn durch Mobbing gleichzeitig die Belastbarkeit stark abgenommen hat.

- **Angriffe auf das Arbeitsverhältnis:** Es erfolgte eine Umsetzung in eine andere Stadt gegen den eigenen Willen. Vermutlich wurde ein Gesprächsprotokoll nach einem Alibitelefonanruf durch die Chefin gefälscht, indem stand, dass die Lehrerin mit dieser Maßnahme einverstanden war.

- **Angriffe auf das Arbeitsverhältnis:** Die Krankschreibung der Lehrerin wurde der vorgesetzten Dienststelle einfach unterschlagen. Mit dem gegenwärtigen defizitären Gesundheitszustand wäre diese Aufgabe (Versetzung gegen den Willen der Betroffenen) einer vorsätzlichen Überforderung gleichgekommen. Solche Belastungen werden durch Mobber systematisch herbeigeführt. Durch die Krankschreibung nach der Auseinandersetzung spüren Mobber sehr genau, dass ihr Opfer angeschlagen ist. Das intensiviert ihre Perversionen.

- **Angriffe gegen das Arbeitsverhältnis:** Die Lehrerin musste in Vorbereitung eines Gesprächs einen Brief schreiben. Typisch für Vorgesetzte, die sich absichern wollen. Der Brief wurde per Einschreiben abgeschickt, kam aber angeblich nie an. Manipulationen zum Nachteil des Opfers sind an der Tagesordnung. Entweder die Mobberin war sich in ihrem antisozialen Vorgehen absolut sicher oder hatte bereits zu diesem Zeitpunkt jeglichen Kontakt zur Realität verloren.

- **Angriffe gegen das Arbeitsverhältnis:** Die Lehrerin fuhr während ihrer Krankschreibung zum vereinbarten Termin. Das hätte sie allerdings nicht tun müssen. Die Leiterin erschien und sagte, sie habe »etwas Privates vor« und sagte den Termin ab. Was für eine schikanierende und erniedrigende Machtdemonstration, hinter der sich in Wirklichkeit Feigheit und Unsicherheit verstecken. Die Verletzung muss bei der abgewiesenen Mitarbeiterin sehr groß gewesen sein.

- **Keine Unterstützung durch vorgesetzte Dienststelle:** Auch das Bemühen, nunmehr einen Termin bei der vorgesetzten Dienststelle zu bekommen, verhallte ungehört. Das ist auch klar, denn sie wäre bei dem Herrn gelandet, der diese Schulleiterin unredlich in das Amt gebracht hatte. In einer Hierarchie, in der jede Führungsetage die andere deckt, ist es sehr schwierig, um nicht zu sagen fast aussichtslos, seine Probleme zu klären. Nur wer kämpft hat eine Chance: Aber unsere Pädagogin ist tapfer und ein Kämpfertyp. Sie übergab den Vorgang an ihren Rechtsanwalt. Nun wurde sehr schnell reagiert, indem sie kurz darauf doch noch einen Termin erhielt.

- **Angriffe gegen die Gesundheit:** Auf der Fahrt zum Gespräch wurde sie in einen Verkehrsunfall verwickelt. Das wundert mich keineswegs, ich erinnere an meine vorangegangenen Worte zum Unfallrisiko durch Mobbing.

- **Unterlassene Hilfeleistung:** Nach dem zweistündigen Gespräch versprach der Herr K. in der vorgesetzten Dienststelle Hilfe und Unterstützung. Nichts davon ist eingetroffen. Herr K. hat sich nicht mehr gemeldet. Bei Systemmobbing ist ein System im System entstanden, das dazu führt, dass jeder jeden deckt. Deshalb haben es Betroffene so schwer, ihr Recht durchzusetzen. Aus Recht und Gesetz wird dann plötzlich ganz schnell ein Paralleluniversum außerhalb der Rechtsstaatlichkeit. Tricksen, täuschen und vertuschen. Deshalb ist es vom ersten Tag an wichtig, Beweise zu sichern.

- **Angriffe gegen die soziale Integration und Gesundheit:** Die Schikanen nahmen nach dem Gespräch an höherer Stelle sogar zu. Die Schulleiterin verbot dienstliche Gespräche mit der Lehrerin. Vermutlich hat nach dem vorangegangenen Termin ein vertrauliches Telefonat zwischen Herrn K. und der Leiterin stattgefunden. Das hatte zur Folge, dass die Rektorin die Möglichkeit erhielt, die nächste Mobbingstufe zu zünden. Die Ausgrenzung hat eine neue Dimension angenommen, eine Entscheidung muss dringend fallen, sollen keine schweren irreparablen Krankheiten oder gar Suizidgedanken die Folge sein.

- **Angriffe im Privatleben durch Nachstellung:** Das Opfer rettet sich vorerst in eine psychiatrische Tagesklinik. Umsonst, denn dort will diese Vorgesetzte auf einmal zu einem Gespräch erscheinen. Die Nachstellung darf nie aufhören, wenn man seine Gegnerin in den Untergang treiben will.

- **Angriff gegen das soziale Ansehen im Beruf und das Arbeitsverhältnis:** Die Ausgrenzung geht weiter, Frau E. formulierte vor einem Elternabend, die Lehrerin würde »freiwillig auf ihre Klasse verzichten«. Ein weiterer Übergriff durch eine Lüge mit dem Ziel der beruflichen Ausgrenzung.

- **Straftatenverdacht, Angriff gegen das soziale Ansehen im Beruf:** Dem Opfer werden Straftaten untergeschoben. Die 150 Euro waren vom Konto der Klasse verschwunden, die Leiterin konnte sich angeblich nicht erinnern, dass sie das Geld angewiesen und genutzt hatte. Wer als Vertrauensperson Geld unterschlägt, ist beruflich und gesellschaftlich erledigt. Die Vernichtung durch den Mobber muss vollständig sein, nur berufliche Ausgrenzungen reichen nicht. Die anwesenden Kollegen, der Personalrat die Stellvertreterin und die Sekretärin als zahllose Wegseher – stellten sich nicht als Zeugen zur Verfügung, um die Situation aufzuklären.

- **Die Odyssee hat fast ein Ende, Hilfe und Unterstützung naht:** Nun hatte die Rektorin den Bogen endgültig auch in den Augen der vorgesetzten Dienststelle überspannt. Der Anwalt sorgte dafür, dass sich dort Personen fanden, die echte Hilfe und Unterstützung anboten und umsetzten. Sachlich formuliert, sie kamen endlich ihren dienstlichen und gesetzgeberischen Pflichten nach. Herr K. gehörte nicht dazu. Der Pädagogin wurde eine neue Arbeitsstelle organisiert. Eine weitere Krankschreibung war nicht mehr nötig, sie durfte bei voller Bezahlung bis zu einer Entscheidung zu Hause bleiben. Das Blatt wendet sich.

- **Dienstliche Inkompetenz übergeordneter Stellen:** Aber auch hier galt die alte Regel, das Opfer geht, die Täterin bleibt, anstatt das Problem energisch anzupacken.

- **Inkompetenz in der Führungsverantwortung:** Es musste kommen, was kommen musste: Die Probleme mit der Schulleiterin Frau E. gingen weiter, bis der Krug zu Bruch ging und die Mobberin endlich freiwillig (!) das Feld räumte. Sie scheidet aus dem Öffentlichen Dienst aus, der Problemfall wurde auf eine Privatschule verlagert. Dienstliche Konsequenzen gab es für die Mobberin keine, dazu wäre der Arbeitgeber per Gesetz verpflichtet gewesen.

Zusammenfassend muss man attestieren: Hier sind alle Voraussetzungen erfüllt, um von einem Mobbingfall zu sprechen. Durchschnittlich sind 51 Prozent der Führungskräfte bei Mobbing persönlich involviert. Bei diesem Beispiel war es die einzelne Vorgesetzte. Die Angriffe erfolgten zahlreich, über einen längeren Zeitraum und hatten ganz eindeutig zum Ziel, die betroffene Lehrerin aus dem Arbeitsprozess auszuschließen. Die negativen gesundheitlichen Auswirkungen waren bereits erheblich fortgeschritten, existenzgefährdend und damit sehr bedrohlich. Dass sie doch noch Erfolg hatte, die Probleme zu lösen, verdankte sie ihrem Kampfeswillen, ihrer Familie, therapeutischer und anwaltlicher Unterstützung, einem guten Netzwerk und ihrer ausgeprägten Liebe zum Beruf. Dann fanden sich auch in der vorgesetzten Dienststelle plötzlich verantwortungsbewusste Führungskräfte, die sich an ihre Pflichten erinnerten. Ich gratuliere zu diesem Erfolg.

8.3 Aus dem Leben: Happy Slapping[91] und das falsche Opfer

Eine weitere Geschichte aus dem wahren Leben: Nach Schulschluss sitzt John wie so oft unter einem Baum und wartet auf seinen Freund. Der Jugendliche ist ein stiller und friedlicher Zeitgenosse, 15 Jahre alt. Doch da nähert sich bedrohlich eine ihm bekannte Schulclique. John sieht, dass einige der Typen, die auf ihn zukommen, bereits ihr Handy im Anschlag auf Augenhöhe halten, er ahnt es bereits, um zu filmen. Die Gruppe feuert einen aus ihrer Mitte an, dieser soll John »fertig machen« und körperlich besiegen. Der Angefeuerte geht direkt und schnellen Schrittes auf den

91 Steht sinngemäß für »fröhliches Schlagen«,
dabei wird die Körperverletzung gefilmt, ins Internet gestellt oder »unter der Hand« geteilt

immer noch sitzenden Schüler zu und fordert ihn zum Kampf heraus. Der Angesprochene sieht für sich keine andere Alternative: Er springt aus seiner ruhenden Haltung in die aufrechte Position, nimmt einen stabilen Stand ein und tritt dem Helden erhobenen Hauptes Auge in Auge gegenüber. Eine Regel der Straße lautet: »Der Schnelle frisst den Langsamen!«. Ehe sich der Angreifer versieht, erntet er einen blitzschnellen Schlag von Johns Fußspitze. Der kraftvolle Tritt schlägt in der Kinnspitze ein. Das Gehirn schlägt heftig gegen die Innenwand des Schädels, das eine kurzweilige Bewusstlosigkeit zur Folge hat. Ein voller Wirkungstreffer! Der blamierte Ritter der traurigen Gestalt (Bully) fällt wie ein nasser Sack zu Boden und bleibt dort eine Zeitlang regungslos liegen. Der Kampf ist entschieden, das Video trotzdem im Netz. Gelacht wird jetzt nicht auf Kosten des potentiellen Opfers, sondern über den Recken auf tönernen Füßen, der sich soeben bis auf seine Knochen blamiert hat. Seine Zeit als Anführer einer Mobbinggang ist abgelaufen. Der Fall vom Täter zum Opfer ist tief, die daraus folgende Lehre wird sehr schmerzhaft und nachhaltig sein.

Was hat das Opfer richtig gemacht?

Es hat gezeigt: »Ich bin wehrhaft!« und es hat sich keineswegs von der martialischen Ansprache des Angreifers beeindrucken lassen. Das ist zur Deeskalation von Konflikten enorm wichtig. Schon auf dieser Stufe werden einige Täter lieber abdrehen und sich ein leichteres Opfer suchen. Nur Täter, die sich selbst überschätzen oder aufgrund des Gruppendrucks nicht mehr zurückkönnen, weil sie dabei ihr Gesicht verlieren, werden danach ihr Ziel weiter verfolgen. Jedoch sollte man immer im Hinterkopf haben, dass Mobber oder auch Mitläufer versuchen, vor ihrer Clique in der »Hackordnung« zu glänzen und aufzusteigen, indem sie sich andere Menschen unterlegen machen. In diesem Fall lastet der gruppendynamische Prozess sehr stark auf dem Bully. John reagierte überraschend schnell und clever. Er ging sofort aus der Defensive zum Angriff über, als sein künstlich aufgeblasener Kontrahent noch an seiner Strategie arbeitete und überrascht war, dass sein bisheriges Auftreten und das der anfeuernden Gruppe keinen Eindruck hinterlassen hatte. Ein schneller und überraschender Schlag mit Wirkung und der aufgeblasene Angeber war außer Gefecht gesetzt. Das geplante Opfer hatte nun die anerkennenden Lacher auf seiner Seite. Der Provokateur hatte wiederum seine erwünschte Veränderung in der Gruppenhierarchie erfahren: allerdings in umgekehrter Richtung. Nun ist er der zukünftige Prügelknabe unter Seinesgleichen. Der Fall nahm eine paradoxe Wendung.

John hat an sich geglaubt, sich nicht einschüchtern lassen, er hat die Initiative übernommen, indem er sofort aktiv handelte. Somit konnte die Situation kontrolliert und entschärft werden, er als Sieger hervorgehen. Mir ist klar, dass nicht jeder zu diesem Mut und dieser Leistung in der Lage ist. Tun Sie das **Überraschende** so schnell wie möglich. Etwas, womit Ihr Bedroher nicht gerechnet hat. Nutzen Sie diese kurze Schockphase des Gegenübers, beispielsweise um einen Schlag auszuführen, zur Flucht. Bitten Sie andere Menschen in Ihrer Nähe um Hilfe und Unterstützung. Damit die »Verantwortungsdiffusion«[92] nicht greift: »Sie in der blauen Jacke, rufen Sie bitte die Polizei, ich werde bedroht«.

Fazit: Sie haben **immer** eine Chance, wenn Sie an sich glauben!

92 Wenn viele Menschen an einem Ort eine Bedrohung beobachten, greift keiner ein. Deshalb Menschen konkret um Hilfe und Unterstützung ansprechen. Näheres im Buch Ratgeber Gefahrenabwehr: So schützen Sie sich vor Kriminalität – Ein Polizeitrainer klärt auf, Kapitel: Notwehr, Seite 34, Steffen Meltzer, Ehrenverlag, 2. Auflage, November 2018

Nachwort

Welches persönliche Leid, Missverständnisse, Verschwendung von Steuermitteln und Lernausfälle hätte man in dem vorhergehenden geschilderten Fall des Kapitels 8.1 Lehrern, Eltern und Schülern ersparen können. Ja hätte es nur eine klar strukturierte Organisation, eine angstfreie Fehlerkultur und kompetente Führung gegeben, bei der jeder Kritik offen und sachlich ansprechen darf. In der Konflikte so geklärt werden, dass auf Augenhöhe verhandelt und somit jede Seite ihr Gesicht wahren kann.

Währenddessen wir dazu neigen, mit hochmoralischen Appellen, Selbstdarstellungen, Phrasen und Floskeln die halbe Welt retten zu wollen, bleiben wir nicht selten untereinander, in einer überkommenen Verhaltensstruktur im Maschinenzeitalter des vergangenen Jahrhunderts stecken, als Kadavergehorsam und Untertanenmentalität eingefordert wurden und üblich waren. Das Motto lautet: Ober schlägt Unter, die Rangordnung entscheidet, mitunter auch über Leben und Gesundheit.

Ich habe eine ganze Menge kritisches über die sozialen Medien geschrieben, sie haben aber auch einen entscheidenden Vorteil: Gleichgesinnte und betroffene Menschen können sich finden, dabei ihre Erfahrungen und ihr Wissen zur Abwehr von menschenfeindlichen Verhaltensweisen untereinander austauschen. Sie können sich verbünden und solidarisieren. Nutzen Sie diesen neuen Möglichkeiten. Das ist noch nicht bei allen Behörden und Einrichtungen angekommen, die ihre Mitarbeiter noch in einem Stil führen, wie zu Kaiser Wilhelms Zeiten.

Auch das Herstellen von Öffentlichkeit ist eine erhebliche Chance, auf Missstände aufmerksam zu machen, wenn man dazu einen mutigen Journalisten findet. Auch der eine oder andere Psychologieprofessor ist nicht abgeneigt, mit seinen Studenten einzelne Fälle zu beleuchten und aufzuarbeiten.

Was das alles mit unserem Nachwuchs zu tun hat? Kinder sind das kleine Abbild unserer großen Erwachsenenwelt. Sie sind dem ausgeliefert, was wir ihnen anbieten, unter welchen Bedingungen sie aufwachsen. Lassen Sie uns deshalb zum Beispiel noch bessere Eltern, Großeltern, Lehrer,

Erzieher, Polizisten etc. sein. Es darf nicht passieren, dass schäbige Personen Erfolge feiern, hingegen die von Mobbing Betroffenen durch das Schweigen und vertuschen der Schulen, Behörden und Unternehmen ein zweites Mal bestraft werden. Kindern, die mobben, muss man helfen, Erwachsene dagegen aus der Organisation entfernen. Verantwortliche die Mobbing dulden, müssen von ihren Positionen abberufen und in weniger verantwortungsvolle Stellen versetzt werden, in denen sie keine Gelegenheit haben, anderen Menschen Schäden zuzufügen.

Die allerorts so viel beschworene »Zivilcourage« springt als kraftvoller Tiger los und endet bei diesem Thema des menschlichen Grauens wie ein Bettvorleger. Ein zahnloser Tiger. Ziel muss es sein, ähnlich anderer Länder, Mobbing und Cybermobbing als eigenständige Straftatbestände und verbindliche Rechtsbegriffe zu installieren, damit die sehr hohe Dunkelziffer wenigstens annähernd ans Tageslicht kommt. Durch diese Inkonsequenz beteiligt sich der Gesetzgeber daran, dass Mobbing weiterhin wie ein Virus grassiert und keine Fortschritte in der Bekämpfung zu verzeichnen sind. Wenn der Gesetzgeber Betroffenen keinen ausreichenden Rechtsschutz zur Verfügung stellt, untergräbt es das Vertrauen und Ansehen in den Staat. Bei Mobbing handelt es sich immerhin um lebensgefährliche Handlungen, die durchaus mit denen anderer sogenannter Kapitaldelikte vergleichbar sind. Bei Mord und Totschlag oder gefährlicher Körperverletzung kommt der Staat auch seinen Pflichten der Strafverfolgung und Bestrafung der Täter nach. Höchste Zeit, das Gleiche bei Mobbing zu tun. Allerdings geben einige opferfreundliche Gerichtsurteile Anlass zur vagen Hoffnung.

Die Sensibilisierung für das Thema, eine bessere Fortbildungen, ein funktionierendes Bildungssystem, praxisverbundene Projekte und kein Alibi-Palaver zum Beschönigen für Arbeitgeber, konsequente Gesetze, nicht zu vergessen die eigene Vorbildrolle, bilden die Grundlage für einen erforderlichen gesellschaftlichen Wandel. Verorten Sie das Thema in Ihre Arbeitsteams, oder in die Schule, reden Sie darüber in Ihrer Familie, sprechen Sie mit Ihrem gewählten Abgeordneten, schreiten Sie selbst ein, schaffen Sie sich Verbündete, wenn Sie Mobbing feststellen. Kümmern Sie sich bitte um Ihren Nächsten, er/sie wird es Ihnen danken. Sie tun sich damit aber auch selbst viel Gutes. Durch solidarisches Verhalten werden im Kopf Botenstoffe (u.a. Dopamin) ausgeschüttet, ein von der

Evolution angelegtes Belohnungssystem. Menschen sind auf Kooperationen in Gruppen ausgerichtet, denn nur das hat unser Überleben gesichert und nicht die Vernichtung von Artgenossen.

Damit möchte ich meine Ausführungen beenden, für Rückfragen stehe ich Ihnen gern unter info@steffen-meltzer.de zur Verfügung. Sie erreichen mich ebenfalls über meine Homepage unter »www.steffen-meltzer.de«. Herzlichen Dank für Ihr Interesse an dieser Problematik.

Ihr Steffen Meltzer

RATGEBER GEFAHRENABWEHR

STEFFEN MELTZER

2. erweiterte Auflag
STEFFEN MELTZER
SO SCHÜTZEN SIE IHR KIND!
Polizeitrainer vermittelt Verhaltensrichtlinien zur Gewaltabwehr

Umschlaggestaltung & Satz

colibris | Dresden | www.co-libris.de

Bildnachweise Cover

© SIphotography | istockphoto.com
© Prostock-Studio | istockphoto.com

Portraitfoto Steffen Meltzer

© Friedrich Bungert

Ehrenverlag, Potsdam

Tel.: 0331 87909657

https://www.steffen-meltzer.de
https://de.wikipedia.org/wiki/Steffen_Meltzer
https://www.facebook.com/Ehrenverlag/

Online-Shop
https://www.ehrenverlag.de

Anfragen-E-Mail
info@steffen-meltzer.de

ISBN: 978-3-9819559-4-1